覚悟を決めると楽になる

Takahide Kitai
北井 孝英

知道出版

覚悟を決めると楽になる

Takahide Kitai
北井 孝英

知道出版

切に義人を思ふ。
義人とは何か、
――怒ることを知れる者である。

三木清『人生論ノート』より

はじめに

「覚悟を決める」

そう言うと、何か大層なことを決めなければならないのではないかと思われるかもしれません。

覚悟には、危険な状態を予想しそれに対応できるよう心構えをするという意味以外に、迷いを脱し真理を悟るという意味があります。

私の言う覚悟を決めるとは、自分の今置かれている環境や現状、また生きていれば直面する良いこと悪いこと、それらすべてを迷いなく自然に任せ、受け入れるということです。

そんな風に、覚悟を決めるといったいどうなるのか。

結論から言うと、生きていくことや、人生を歩んでいく足取りが軽くなります。楽になるのです。

逆境に置かれているときですら、それを乗り越え、はね返し、負けず、楽になることができるのです。すべてが単純で素直な感情になり、余計な力が抜けます。覚悟を決めると、そうなるのです。

では、覚悟を決めた後は、どうすれば良いのでしょうか。

私は、苦しみを受け入れたそのマイナスのエネルギーを、怒りのエネルギーとして使います。

例えば苦しみは悲観することもできます。諦めることもできます。これも一つの決断です。

しかし、これは覚悟ではありません。悲観したり、諦めたりすることで、その場は楽になるかもしれませんが、再び逆境が訪れたとき、また苦しむことになるからです。

そこで悲観や諦めではなく、怒りの感情を使うのです。

怒りは、強いエネルギーです。だからこそ、怒りを乗り越え、はね返し、コントロールし、体内の圧を上げ、それを推進力として、行動を起こすエネルギーの源《みなもと》として使っていくようにするのです。

そのエネルギーの使い方が、いつでもどこでもできるようになると、どんな逆境においても自分を保つことができるようになります。同時に、周囲にいる人たちや、今まで真っ向からぶつかっていた相手をも守ることができるのです。

何故なら、覚悟や圧や怒りの目的は、目の前にいる誰かと分かり合うことだからです。

ただ一般的に怒りは、ネガティブなイメージがあります。しかもその強いエネルギーゆえ、人に迷惑をかけてしまう場合もあります。でも怒りは、間違った道に進んでいるときに、違和感をあぶり出してくれる感情でもあります。正しさを追いかけてゆくと出てくる感情でもあるのです。

私が提案したいのは、怒りを正しいものとして使う方法なのです。

言いたいことがあるけど言えない、今までいつも泣き寝入りばかりだった、もっと自分に自信を持ちたい、言われるがままではなく、自分の意見を正しく伝えられる強さを持ちたい。

そんな方は、ぜひ本書で、圧の力を感じてください。そして一歩前に進むことができるように、怒りや圧を使ったコミュニケーションを身につけていきましょう。

また、本当の自分がわからない、何のために生きているのかわからない。

そんなふうに人生に迷う人にも、自分なりのヴィジョンなり信念なりを持ってそれを確認しつつ、周りとうまくやってゆくための方法論を、本書ではお伝えしています。

どんな人にもその背景があり、考えの糧《かて》となる経験があります。意見も違ってあたり前です。あなたはそう思うのだ。私はこう思う。そうやって受け入れていく。相手を理解し、認める。それがコミュニケーションなのだと私は思います。

最近では、義理、人情、思いやり、恩といった考え方が古いとかわかりづらいとか聞く事がありますが、私はどんなに時代が変わっても、人間の本質の部分、相手を思う気持ち、というものは変わっちゃいない、と思っています。

優しさは、ずっとそこにあるのです。

だからこそ、人間同士の関《かかわ》りは、大切にしなくてはならないのです。

感情を取り扱うことや人とのコミュニケーションの方法は、得てして感覚的なものや、抽象論、精神論になりがちですが、本書では極力論理的に扱える方法をまとめています。

また、私自身の経験を踏まえ、「みんながこんな生き方ができたら世界はもっと良くなる」それを願いながらも書いています。

本書が皆様にとって何かを感じるきっかけとなれば幸いです。

覚悟を決めると楽になる　◯目次

目次

第1章

怒りを力に変える

コミュニケーションとは、いったい何？

突然ですが、考えてみてください。

「コミュニケーション」とは一体何なんでしょうか。

今、あちこちでコミュニケーションという言葉が使われていますが、それは人と人との間で交わされる、情報や感情、思考のやり取りのことです。「心が通い合う」、「お互いに理解しあう」など、場合によっては、「以心伝心《いしんでんしん》」など、別の言い方もありますね。

例えば相手から「満月が怖い」という話を聞きます。実は自分も小さいころに、あの大きな月が落っこちてくると怖いと思ってました。でもその人は「満月の日にはオオカミが出るから怖い」と思っていたと言う。

それで自分は「月の動きを説明」をします。その説明を繰り返します。2人で議論を繰り返します。

そこでようやく、

「ああ、なるほど。面白い考えですね」となる。


コミュニケーションとは、折り合いをつけることではなくて、相手と自分の違いをいかにうまく受け入れていくかを見つけていくことです。お互いの共通点を見つけることです。

コミュニケーションとは、お互いで相手を認め受け入れることなのです。

またやり取りをする中で、どんな言葉を使い、どんな内容を伝えていくのか。

それを自分で一生懸命考えるのは、自分を高めてゆく行為でもあります。

ただ、ポジティブな感情、思考、イメージを伝えるときと、ネガティブな感情、思考、イメージを伝えるときは、当然ですが、相手が受け取るものがまったく異なります。

例えば、楽しい気持ちや嬉しい気持ちを伝えるときや、相手を認めたり尊敬したり褒めたりする気持ちを伝えるときは、不安や恐れはありません。なぜならば、自分が伝えることを相手が快く受け取ってくれるはずだという、前向きなイメージを持てているからです。

また一方で、相手とはまったく違う感情や思考を伝える場合、あるいは相手を否定するような可能性があることを伝えなければならない場合はどうすれば良いのか。

衝突が起きるかもしれないと、不安、恐れを抱くことになってしまうことがあります。そういうネガティブな感情を抱くと、自然に体もこわばって、なんだか相手と戦っているような感覚にもなってしまいます。

もしかすると「相手がこのことで気分を害するんじゃないか」「キレられたりするんじゃないか」と怖くなってしまうかもしれません。

「今の自分の気持ちを相手に伝えることで、今の人間関係が壊れてしまうかもしれない」

「自分の考えを押し付けるようなことになり、鬱陶《うっとう》しがられるんじゃないだろうか」


そんなふうに思ってしまうこともあるのではないでしょうか。

でも否定的な内容を伝えるにしても、今までの人間関係や、距離感によって、伝える側である自分の不安や恐怖は変わってくることもあるのです。

例えば、生まれたときからずっと身近にいる家族。学生時代から長く付き合い、お互いのことをよく知っている友人たち。気心《きごころ》が知れており「刎頸《ふんけい》の交わり」とも言えるほど親密な仲間。

こうした人々との間には、自然に信頼関係が築かれています。伝えることに対して、受け止めてくれるはずだという確信が少なからずあるからです。

別の言い方をすると、自分の心の中に発生している感情が、相手に正しく伝わっていくと確信しており、相手の中に共感が芽生えるということをよくわかっているから、言いたいことを言い合えるのです。

ところが、相手と知り合ってまだ間がない。相手のことをまだよく知らない。そのような場合は状況が違ってきます。こういう相手とともに共感関係になれるような状況になるのは時間がかかります。

また、自分のことを敵対視していたり、相手が自分を軽んじていたり、あるいは自分を見下していると感じる相手に対しても、信頼関係をもった対話をすることは簡単なことではありません。

さて、ここで少し考えて欲しいのです。

まだ共感関係になっていない相手が、自分にとって不条理なことを押し付けてきたり、理不尽な言動をしてきたとき、あなたは一体どうすればいいのでしょう。

当然、自分にとって嫌な言動をやめてほしいと思うでしょう。しかし、まだ共感関係になれるような関係性ではないので、自分としては「嫌な言動をやめてくれとは言えない」と思っているはずです。

このときの考え方にも二通りあります。一つは、それでも勇気を持って、力を振り絞って伝えていこうとすること。もう一つは、「泣き寝入り」することです。

泣き寝入りする人は大抵このように考えます。

「あーもういいや、自分が少し我慢すれば物事は終わるんだから。変に波風立てて、事を荒立てたりしない方が人間関係は良くなるんじゃないか。今の人間関係を維持することの方が大事なんじゃないか」

そう考えたほうが何も苦労しなくて良いし、負担も少ないのです。しかし、今の私なら「わからなくもないんだけど、そりゃダメだ」と言いたくなってしまいます。

泣き寝入りして波風立てずにいれば、確かに人間関係は維持できるのかもしれません。しかしそれでは何の解決にもなっていません。問題は依然として目の前に残ったままです。

泣き寝入りを続けると、やがて自分に襲いかかる不条理や理不尽な出来事の重なりによって、ストレスを溜めていき、そのストレスが心をだんだんと蝕《むしば》んでいくことになってしまうのです。そんなとき、この世の中に対しての恨み節しか言えなくなるかもしれません。それは格好良いとは思えません。

そんな情けないことになる前に、少し立ち止まってください。
そして理不尽な相手に頑張って伝えてください。
立ち向かってください。
出来れば、本当にそれで良いのかと自分を見つめてみてください。
少しの勇気で、本当に変わるのですから。

伝えることができないと損をする

唐突で申し訳ないのですが、学生時代からの友人で、仲の良い人の顔を思い浮かべてください。

どうして、彼ら彼女らと仲がいいのだろうか。

社会人になり、しばらく会えなくなったとしても、同窓会や何かの機会で久しぶりに顔を合わせると、まるで昔の時間が蘇《よみがえ》ったかのように親しく話すことができます。

もしかしたら、その友人とはかつて何か喧嘩をしたことがあったかもしれません。それでも、再び友情を取り戻し大人になった今でも仲良くしている。そんなことはないですか。

なぜぶつかっても、人間関係にひびが入ることがあっても、絆《きずな》を取り戻せるのか。

理由は簡単です。その人に向き合っている時間が、それなりに長いからでしょう。また「雨降って地固まる」という言葉のように、何度も地面がぬかるみながら、そこに足を取られながら、それでも再び固まって行くことを繰り返しているからです。そうして多少の雨が降ろうと、もうぬかるみにすらならないような、強い地面になっているからなのです。

このように「強い地面になる」ということこそが、本当に強い人間関係を築き上げるプロセスにほかなりません。

よく、「本当の意味での友人ができるのは学生時代までだ」と聞くようなことがあります。大人になってくると、あらゆる人間関係に利害が入り込み、自分や会社の利益になるような人間関係のあり方を優先するようになるからという説ですね。

私はその言葉を聞くと、「なんだかおかしいこと言ってるなあ」と思ってしまいます。

私は大人になってからも、この人は真の友人だと言えるような人たちが少なからずできました。

何かの帰りに食事をしているとき、こんなことを言ってくれた親友がいました。

「今日はもう仕事の話なんかしなくていいからさ。北井さん自身のことをいろいろ話してよ。北井さんのことをもっとたくさん知りたいんだよな」

とても嬉しく思ったのを覚えています。その親友と親しくなったのは、わずか三年ほど前です。歳をとっても親友はできるのです。

もちろん、自営業を含める経営者や会社員と言ったビジネスパーソンが、自分もしくは自社の利益を考えるということは当然のことです。利益をあげなくては、食べていくことができないですからね。

また年齢が上がると、大人としての振る舞い方や、マナーや礼節という鎖にがんじがらめにしばられ、腹を割った話をする機会はなかなか得られないかもしれません。
もちろん礼儀やマナーは大事なことです。
それでも、礼儀やマナーを言い訳にして、相手のことを知ろうとしなかったり、自分のことを伝えようとしなかったりするのは、本当の意味でコミュニケーションというものを大事にしようとしていないと思うのです。

相手のことが知りたくて、何度も何度も相手のもとに足を運んで会話を重ねて、勇気を持って自分の気持ちを伝える。相手との距離を縮めていく。ぶつかって、わかりあって、自分と相手との壁を、打ち壊していく……泥臭いながらもそうやって一緒に築き上げてきた時間が、気心の知れた関係という大切な財産を生み出していく。そういうものではないでしょうか。

ではここで、もう一度、学生のときから仲の良かった友人の顔を思い浮かべてみてください。

「こいつって、いいやつかもな」
「こんなあほうは世の中にほかにない」
「落ち込んでいるこいつを励まそう」
「こいつほんとにブン殴ってやろうか」
「こいつは最高だ」

そんな出来事が次々と思い浮かべられたら、これから先も何度でも、あなたは本当の仲間と楽しい時間を過ごすことができるでしょう。それはあなたに相手と分かり合うというコミュニケーションの基本ができているからです。

では、これからもっと良い人間関係を作ってゆきたいと思った場合、そのためには、自分の胸の内をしっかりと相手に伝えて、相手に理解してもらうための、分かり合うコミュニケーション、言い換えれば「伝えるための技術」というものを身につけることが必要になってきます。

伝えることができないということは、理解者を作ることができないことにつながります。理解者を作れないということは、人生でかけがえのない財産を自ら手放すことと同じなのです。そんな勿体ないことはありません。

是非、次の頁からこの伝えるための技術を学んでください。

今まで伝えられなかったことを伝える

もし今まで伝えられなかったことも伝えられるようになったら、自分の周辺は、一体どんなふうに変わっていくと思いますか。

伝える勇気や伝える技術があると、周囲では、たくさんの素晴らしい出来事が増えてゆくのです。

・簡単なことでは心が折れなくなる
・どんな大きな問題に対しても恐れず挑んで行けるようになる

・どんな肩書きの相手であっても堂々と振る舞うようになれる
・自分の意見を主張することが当たり前のようにできるようになる
・周囲から頼もしい人間だと思ってもらえるようになる
・自分の大切な居場所を作りやすくなる
・心から笑えるようになり、いつも気持ちがすっきりする
・ポジティブな言動が増え、人気が高まっていく
・自分を励ましてくれる人が増える
・自分の背中を押してくれる人が増える

もしこのような変化が自分に生まれるとすると、特に理解者、応援者が増えて、今までとは違う自分になっていけると思うのです。

相手に嫌われてしまうかもしれないとか、もしかするともう会いづらくなってしまうかもしれないとか、そんなふうに心配事ばかりが頭をよぎる毎日から、自信に満ち溢れた毎日を送ることができるようになるのです。

たった一回しかない人生なのですから、毎日を楽しく自信を持って過ごしたいもの。そうすると、とても楽に、生きることができるはずです。

では、どうやったら、自信がみなぎる人生になるか。

覚悟を決める、それだけです。
覚悟を決めると、楽になれるんです。

もちろんカラ元気を出すように、「ようし！　今、覚悟決めた！」と言っても、その覚悟は即席の覚悟ですから、すぐ消えてなくなってしまいます。
覚悟がずっと長続きしていくためには、あることをしなくてはいけないんです。

そのあることというのが「圧を放つこと」です。

圧は、自動車でいえば、エンジンが回ったときに生まれる推進力のようなものです。エンジンを動かすためには、当然ガソリン（電気自動車だったら電力）が必要です。その高いエネルギーとなるのは、「怒り」です。

私がこう言うと、こんな声が聞こえてきそうですが……。

「怒りってネガティブじゃないか。そもそも怒っている人になんて近づきたくもないし、怒りは感じたらストレスになるし、いいことなんて全くない」

確かに怒りは、扱い方によっては相手を傷つけたり、自分を苦しめたり、ときには暴力に繋がってしまったりする感情です。

制御不能になってしまった怒りによって、法律に触れてしまうような行動に走ってしまう人も中にはいます。これは怒りという感情がもたらした、悲劇にほかなりません。

だからといって、怒りを否定してばかりいるのは、実はかなりもったいないことなのです。

怒りというものは、喜怒哀楽の感情の中でも、とてつもなく大きなエネルギーを持っている感情です。

例えば自分が誰かに理不尽なことをされたとします。

「どうして自分がこんな目に遭わなければいけないのか」

心の中から怒りが沸々と湧き上がってきます。

でも、この怒りがあるからこそ、もしかするとその人は「いつか見てろ。必ず見返してやるからな！」と強く思い、懸命に努力をするかもしれません。

また、社会的に理不尽だとされることをニュースなどで目の当たりにし、「とんでもない世の中だ！　こんな世の中は変えてやる！」。そう決意するかもしれません。

行動に起こすときのエネルギーは、もちろん優しさのエネルギーでも大丈夫です。でも物事を大きく変革するときは、人のためを思っての怒りのエネルギーの方が、熱量がやっぱり圧倒的に高いのです。

怒りというのは、人が行動するときに、強く背中を押してくれたり、引っ張ってくれる感情でもあります。

もっと言えば、怒りの正しい使い方を知っていれば、正しく世の中を変えてゆくことも可能なのです。

怒りというエネルギーで自分のエンジンを動かし、圧を生むことによって勇気を持ち、怯《ひる》むことなく世の中と向き合っていきましょう。

怒りという感情はどう生まれてくる?

さて、では怒りという感情はどのようにして発生するのか。

障害物も何もない、真っ平な場所で躓《つまづ》くことがないのと同じように、まったく何もない状態から、突然怒りが湧き上がることはあり得ません。

道を歩いている人が、何もしていないのに突然怒り出すなんてことはないはずです。もしそうだったら、私は逃げ出します。

通常、感情というものは、何かのリアクションとして現れてくるものです。

嬉しい出来事があるから嬉しいと思う。悲しい出来事があるから悲しいという感情が起こる。これと同じように、怒りも、怒りを感じるための出来事に出くわしてしまったことが原因となります(行動から感情を引き出すことについては後に述べます)。

ただ、怒りを感じる出来事に出くわしたということだけで、すぐ怒りに結びつくものではありません。その出来事が、自分にとって良い出来事なのか、それとも良くない出来事なのかを認識して、初めて反応としての感情が出てくるのです。

つまり、

1　出来事が起き、自分がその場にいる。もしくは出来事を知る
2　出来事の意味や結果を自分と結びつける
3　自分の中で起こってくる感情を把握する

この3つのステップを元に、今、自分が抱いている感情が何なのかを理解するのが大事だということです。

例えば、高速道路を自動車で走っているときのことを想像してください。
割り込みのような、煽り運転のような、とても危険な寄せ方をしてきた車が

いました。そんなとき、ある人は「なんだこいつ！　変な運転だな！　ナメやがって、コノヤロー！」となるかもしれません。

一方、そのような運転をしてきた車に対して、こう思う人もいるはずです。

「おっと、危ない！　どうしたのかな？　急いでいるのかな。もしかしたら誰か急病人がいて、この人はそこに駆けつけているのかもしれない」

このとき、このドライバーの心の中には怒りというものはないでしょう。同じ出来事であっても、受け取り方によっては怒りが発生しないのです。その出来事が怒りと結びついてこなければ、当然のことながら怒りは発生しません。

この受け取り方の違いは、そのときの気分の違いからも影響を受けるものです。割り込みに対して「ナメやがって、コノヤロー！」と思ってしまったドライバーは、もしかしたら運転前に嫌なことがあったのかもしれません。誰かと口論になったり、ちょっとしたミスで取引先に叱られてしまったとか、ネガティブなことがあり、イライラしていたのかもしれません。

平静な状態で割り込みの車を眺めていたドライバーは、もしかしたらこれから大好きな異性とデートの約束をして、ウキウキした気分だったのかもしれません。もしくは何か良いことが起きた直後かもしれません。

ここに挙げていることは、どちらのケースも、基本的に「健全な精神状態」で起こることです。

「でも、イライラしているほうは、そもそも平常心を失っているんだから、健全な精神状態じゃないのでは？」と思われることもあるでしょう。

ここでいう健全とは、平常心のことではなく、感情が湧き上がってくる精神状態のメカニズムが正しく機能しているということなのです。

もし何かの出来事に直面したときに、まったく何も感情が湧き上がってこなければ人間はどうなるか。

恐怖という感情が起きなければ、自分の命が危ないということにも気づかないはずです。嬉しいという感情が起きなければ、誰かが自分のためにしてくれようとする、好意や愛情に気づけないかもしれません。

自分の感情が湧き起こらなければ、相手の感情をイメージしたり、気づいていくことは難しいのではないでしょうか。

相手の恐怖や痛みが分からないばかりに、知らず知らずのうちに相手が嫌がるようなことをしてしまったり、人としてとてつもなく残酷な行動をしてしまう可能性だってあるはずです。

つまり感情は、世の中の出来事や、周囲との関係性をはかるための、非常に重要なセンサーでもあるわけです。

なぜ人間に怒りが必要なのか？

「人には感情というものがある」

感情には、様々なものがあります。例えば誰かにプレゼントを貰う、またはプレゼントを贈るなど、相手の喜んでいる姿を想像すると、とても嬉しい気持ちになりますよね。これは喜怒哀楽の「喜」。

一方で、可愛がっていたペットが亡くなると、とても悲しい気持ちになります。これは喜怒哀楽で言えば「哀」です。

人は人生の中で様々な感情を体験します。その中で特に多い感情の一つが怒りではないでしょうか。

一般的に怒りと言うと、大変ネガティブな感情だと感じるはずです。

例えば、

・誰かに裏切られた
・誰かから嫌なことをされた
・理不尽な体験をした　等

怒りが出てくる原因として、ポジティブな要素はあまり見当たらないようです。基本的にはネガティブな体験から、怒りという感情が反射的に出てくるのが一般的です。

近年、アンガー・マネジメントと呼ばれる、心理分析・行動手法が注目されているように、自分の中に湧き上がる怒りを上手に沈めようとするメンタル・コントロール方法も出てきています。

人は、誰であれ、楽しく生活し、毎日をワクワクしながら、または落ち着いて過ごしたい。それをメンタル・コントロールによって、怒りという感情をできるだけ遠ざけようとするのは、自然なことだと思います。

しかし、本当に怒りというのは、不要ものなのか、と私は思うのです。

怒りを抑える方法だけでなく、怒りを味方につける方法を知っておくと、より怒りという感情と付き合いやすくなります。本当の意味で、怒りをコントロールすることができれば、今までとは違った新しい世界を見ることができるのです。

怒りをコントロールするということは、単に湧き上がってきた怒りを小さくまとめてしまうということではありません。爆発しようとする怒りを我慢することでもないのです。

分かりやすく言うと、自分の存在感を高め、自分の発言や行動に大きなパワーや、信憑性、緊張感をもたらすのが、怒りをコントロールするということです。自分が持っているエネルギーが強いと、少々のことでは揺らぎません。

懐中電灯に、もうほとんど電池残量がない乾電池を入れると、弱々しい光になります。しかしフル充電の乾電池を入れると、煌々《こうこう》と光り輝いてくれます。

これと同じように、怒りが輝き始めると、周囲にどんな闇があったとしても、闇を切り裂いて、自分が歩く道に光をあてられるようになるのです。

また、こんなイメージで、怒りのエネルギーを視覚化することもできます。怒りをエネルギーに変換したとき、怒りが湧き上がって溜まっていくさまは、風船がどんどん大きく膨らんでいくようなイメージです。風船は大きくなるにつれ、内側から外側に出て行こうとする圧力をともないます。目に見えない圧力は、いつ風船が爆発するかと、周囲に緊張感をもたらします。風船を取り巻く空気がピリッと締まるように感じるでしょう。同時に、風船を取り囲む人の視線が常に風船に注がれ、風船は大きな存在感を放っていくはずです。

これが「圧を放っている」という状態です。自分の中の怒りのエネルギーを上げていくと、自然に自分の内側の「圧」が上がってくるのです。

怒りをエネルギーに使うのは自分だけの専売特許ではありません。もしかすると自分に相対する相手も、「圧」を高めてくるかもしれません。互いに「圧」が上がり合ってくると、戦闘モードに似たような気持ちも生まれてきます。

もっとも、戦闘モードといっても、どうやって相手を打ち負かすかということではなく、「これからすぐに、自分と相手が真剣に語らうことができる」という緊張感を楽しむような、ワクワクした不思議な感覚です。一瞬は嫌な感情になることもありますが、負の感情はすぐになくなり、目の前にいる相手と理解し合えるチャンスがやってきているのだと感じるのです。

そう考えると、怒りというものは、単に排除すれば良いというものではないことが理解できるのではないでしょうか。

アンガー・マネジメントと北井流怒りの扱い方はどう違う?

ここでアンガー・マネジメントと、北井流「怒りと圧の扱い方」の違いに関してご説明します。

アンガー・マネジメントと、北井流「怒りと圧の扱い方」の使い方の両者の共通点は、怒りという感情をプラスに作用させるというところです。

反対に、両者ともに、「怒りの感情を持ったとき、怒りのままに行動してしまうことはNG」ということが共通であるということです。

怒りという感情を感じてはいますが、両者ともに怒りを冷静に見つめるということを大事にしているのです。

そもそも一度芽生えた怒りを、すぐに0(ゼロ)に戻すということは簡単なことではありません。

何か物事が起きたとき、怒りを感じなければ、もちろん怒りのバロメーターは0です。しかし怒りのバロメーターが1以上になったとき、その怒りを0に戻すためには、「怒りを落ち着けるための結果」か、「怒りを緩和するための時間」が必要になってきます。

つまり怒りは、熱しやすく冷めにくいという性質を持った感情なのです。この冷めにくさが、持続的エネルギーとして効果を発揮していくので、これを使っていこうというのが北井流「怒りと圧の扱い方」になります。

例えば、野球部で甲子園を目指していた球児が予選の決勝で負けてしまい、あと一勝で甲子園の切符を手にすることができなかったとします。

このときこの球児は、決勝まで行けた事実を喜ぶよりは、むしろ負けた悔しさと、力不足だった自分自身に怒りながら、「次こそは必ず甲子園出場の切符を手に入れてやる」と誓うのではないでしょうか。

もしくは、意中の相手にフラれてしまった人が、悔しさから「絶対に魅力的になって、もっと素敵な人と付き合えるようになる」と決意を固めたとします。フラれたという事実や、相手に求められていなかった自分に対しての怒りを持続させ、将来的に、とても素敵な人に変身するということはよくある話です。

私は、このように持続エネルギーとしての怒り、そして怒りを適切に使う方法をプレッシャー・ディレクションと名付けています。プレッシャー・ディレクションとは、怒りを圧に変えて、その場の雰囲気を自分に有利なものにしていく方法です。同時に、人との折衝を行いやすくするテクニックでもあります。

先に述べたアンガー・マネジメントと北井流のプレッシャー・ディレクションは、同じ根幹を持っています。でも、出口になる部分が一部違います（誤解を招かないように言いますが、どちらがいい、悪いという比較を論じているのではありません）。

例えばある会社の営業部で、どうやれば売上が上がっていくのかの議論になったとしましょう。

1人は、自社製品の価格を下げるべきだと言うかもしれません。

もう1人は、別の製品を生み出すべきだと言うかもしれません。

そしてあなたは、製品のプロモーションをしっかりとすべきだと言うかもしれません。

これらの意見はあくまで「会社の売上」という目的に向かっているので、たとえ自分の意見が採用されなかったとしても、そのとき会社が最も良い選択ができるならば、誰もが納得する結果になるでしょう。

ですが、売上を上げるための議論であるはずなのに、こんなふうに思われていたら、どうでしょうか。

「あいつが嫌いだから反対してやろう」

「あいつがこれ以上成績を上げると、自分が出世できなくて困るから、足を引っ張ってやろう」

邪心が先に立つような議論になると、心から納得できる選択がなされるはずはなく、遺恨《いこん》も残ってしまいます。こうした理不尽な攻撃に対し、怒りという感情を静かに有効に使って対応しましょう。

まず、アンガー・マネジメントをベースにしたときの主な対応策は、2つの修正行動です。

1つは、行動の修正。簡単に言うと、怒りのままに行動しないということです。怒りのままに行動してしまうと、雰囲気を悪くしたりして、良好な関係を築きにくくなります。ですので、その行動原理を修正しましょうというものです。

これは北井流のプレッシャー・ディレクションにおいても同様です。ムカッと来たから殴った……では、話が何も前に進まず、味方にできる人も敵に回してしまう。これでは意味がありません。

アンガー・マネジメントのもう1つの対応策は、認識の修正です。頭の中の構造を怒りにくい構造にしてしまおうというものです。今まで電気が通りやすかった素材を変えてしまい、ゴムのように電気が通りにくい素材にしてしまうということです。

北井流のプレッシャー・ディレクションとアンガー・マネジメントが最も大きく異なるのはこの点です。

北井流のプレッシャー・ディレクションでは、わざと行動と認識の修正をせず、怒りや圧をただ昇華させることによって、目的を達成させるという考え方です。

怒りは相手を叩きのめす暴力装置ではない

まだ付き合いが浅い方が、私と私が信頼している間柄の人との会話を聞くと、「北井さん、さっき喧嘩をしていたんですか？」と誤解をされることがしばしばあります。

もちろんそんなことはありません。自分の中の圧を高めて議論をしている姿が、喧嘩をしているような印象に映ってしまうのでしょう。

圧を放ちながらする真剣トークをするというのは、私が子供のころからの経験によって自然に培《つちか》われた技術と言えます。

実は私は自分が怒りを持って圧を上げていかないと、自分や家族を守れない環境にいました。詳しくはこの後の章でお話ししますが、子供心に不条理で理不尽で、納得がいかないことを、ただひたすら我慢をする毎日でした。

そういうわけで、自由というものに対して、それを奪うものに対しての怒りがありました。

今でこそトレーニングを経て格闘家のような体格をしていますが、子供の頃はとても体が小さく、一見するとひ弱な感じでした。

ただ、体は小さくても心は大きくと、誰に対しても、どんな人が来ても、自分が思ったことは譲らないという気持ちでいようとしていたのも事実です。

このときから今に至るまで、変わらないものがあります。

それは、怒りは人を傷つける攻撃の手段ではないということ。自分や大切な人たちを守るための、人間の基本的な自由の権利を守るための手段ということです。

怒りをエネルギーに変えて、自分の心の中の圧を高め、自分を取り巻く空気に緊張感をもたらす。ここまでは、今も昔も変わりません。

しかし、怒っているからといって、相手の人格や人間性といった、人の本質的な部分を否定することは絶対にありません。

ましてや、相手のことが嫌いだから、嫌いな存在を排除しようという気持ちで怒りや圧を使ったことはありません。読者の皆様にもこの点に関してはしっかりと理解をして欲しいのですが、怒りや圧は人を傷つけるための武器ではないということです。

では、怒りや圧を使って何をしようとしているのか。

相手を理解する。自分を理解してもらう。そうして、お互いに認め合える、分かり合える人間関係を築く。ただこの一点です。怒りや圧を使っていくコミュニケーションのゴールはここしかないのです。

例えば、明らかに相手に非があることなのに、相手が正直に謝らずに誤魔化したり、誰かのせいにしたり、笑って茶化したり、うやむやにしてしまうようなことに対しては、怒りや圧を用いて人を尊重すること。怒りを人間の基本的な自由を守ることのために使う。

「いいかい、あなたを攻撃してるんじゃないよ。ましてあなたを否定してもいない。私がおかしいと思っているのは、あなたのやったことそのものなんだ。あなたのやったことに対して、私は今、おかしいと言っているんだ」

筋の通らないことをやってしまったことを、一番よくわかっているのは相手自身です。でも、自分の罪が明るみにしてしまうと、自分のプライドが傷ついてしまうことが怖くて仕方がない……。もし周囲に部下や後輩がいたら、自分の存在意義や立場ですら危うくなってしまうかもしれない。

だからこそ相手は、非を認めず、ごまかしたり、うやむやにしたりするわけです。

そこで相手のメンツを傷つけるような否定攻撃をするのではなく、本質についてだけ光を当てていく。そう、本質だけを大切にする。それをとても大事にするのです。そうすると、怒られた方は自分が人間として大事に扱われていると感じるものです。

・人間として大事にする
・人間として大事にされる

これは、人が成長していくうえで大変重要なことではないでしょうか。特に一定以上の立場や年齢になってくると、自分を叱ってくれる人がいなくなります。

でも、人間として、「お互いのためを思って私は言っているんだ」という気持ちやスタンスが伝わると、相手からすると「自分を守ってくれている」という見え方にもなるのです。

怒りや圧を使うときは、最終的な落としどころを決めて、お互いにどうすればその後に理解し合えるのかを、しっかりと踏まえた上で向き合っていかないと、ただ人を傷つけて終わりになってしまいます。

だからといって反対に、何をどんなふうに伝えても理解しようとしない人に私は何も言いません。何かを言う必要もないと思うのです。

なぜならば、言ったところで関係性が変わらないのであれば、エネルギーや時間の無駄になるからです。

不条理への怒りにつなげていく

怒りを扱うときに忘れてはいけない大原則が3つあります。

1つ目は、**「怒りは相手に自分の気持ちを伝えるためのエネルギーである」**ということ。

2つ目は、**「怒りは自分を守るための手段である」**ということ。

3つ目は、**「怒りは人間としての基本的な自由の権利を守る手段である」**ということ。

怒りや圧を使う目的は、あくまで人間関係を強固にしていくためです。角張った石がぶつかり合い、だんだんと角がなくなり、丸みを帯びていくように、ある種のすり合わせをしていこうとしているのです。

すり合わせのためには、相手とぶつかっていく……つまり精神的接触が不可欠です。ただ、もちろん恐怖も出てくるでしょう。場合によっては、足がすくみ、手が震え、冷や汗をかき、脂汗をシャツににじませて対峙《たいじ》しなければいけないことだってあります。

そのときに、一歩一歩前に踏み出して行くためのエネルギーが怒りなのです。

私は凄いなと感じた人に対して、あえて素直に自分をさらけ出します。もちろん圧は保ちながらです。

そういう方には即席の作り物は通用しないですし、どうせ作ったところでバレてしまいます。

ここまでお読みいただければ、日常的に毎日怒りまくっておけば良いという話ではないことはおわかりいただけているかと思います。

「火事場の馬鹿力」という言葉があります。火事の現場に直面すると、人間は自分の命や大切な家族を守るために、自分でも驚くような、とてつもないパワーを出すことがあるという意味の言葉です。同じように、「ここだ！」というときに、集中的に放出することが最も望ましい怒りの使い方なのです。

毎日必要もないのにいたずらに怒って、ギラギラした危険な雰囲気や殺気を放っているのは、単なる情緒不安定です。

例えば江戸時代、武士が腰に帯びるべき刀を抜き放ったら、近くにいた人たちは斬られるのではないか、と恐れたでしょう。今でも刃物を向けられたら恐ろしいですよね。何が言いたいかといいますと、本当にここぞというとき以外は、刀は鞘《さや》に収めておくべきものなのです。

ここで、怒りを向けるべき相手というのは誰なのか。これももう一度整理してみます。

1 自分に対して不条理で理不尽なことを突き付けてくる相手
2 己の立場を利用して、自分を蹴落とそうとする相手
3 個人の基本的な、他人に迷惑をかけない自由を邪魔する相手

道理や筋といった仁義とも呼べるような、人の道から外れるようなことに対しては、どんどん怒りをぶつけていていけばいい。

例えば、今の日本を戦時中のときと比べると、世の中は格段に平和になっているように見えます。しかしひとたび海外に目を向けると、中東やアフリカなど、世界各地で血なまぐさい局地戦争が行われているも現実なのです。

少年たちは物心つく前から、おもちゃではなく武器を手にさせられ、自由ではなく特定の思想を植えつけられ、自ら死に向かっていくような、そんな生活をさせられている場合もあるでしょう。

一部の富裕層が富を独占し、大部分の国民が飢餓や貧困に苦しみ、学校でもろくに勉強することができず、厳しい重税に喘《あえ》いでいるような国もあります。不条理な現実は、刻一刻と人の幸せを奪い、今も幅を利かせているのです。

私たちはこうした現実に直面すると、何か手助けができないかと思うのですが、できることというのは非常に限られてしまいます。ましてや、私たちが個人で戦争を止めたりなどということは現実的ではありません。

しかし、限りなく不可能に近いとしても、社会的な怒りがないと、世の中は変わってはいかないのです。

その怒りがゆくゆくは世界から戦争をなくすために活動する政治家を育てるかもしれませんし、世界を変えようとするジャーナリストを生み出すかもしれないのです。

もっと身近なところで言うと、「自分の身に起きたことが、もし他の人も同じようなことになってしまったら？」と想像し、正義の怒りと言えば恰好良いかもしれませんが、それを解決しようと思うことが、人間として大事なところではないかと思うのです。

ここが麻痺してしまうと、人間の人間らしさはなくなり、本能で獲物を狩ったり狩られたりするだけの、単なる生き物になるでしょう。

「この問題を放置しておくと、悲しんだり、困ったりする人が他にも出てくるかもしれない」

そう考えて、自分のためだけではなく、他の人のために行動するためのエネルギーとして怒りを持ちたいのです。

自分自身の欲を満たすだけではなく、自分が嫌だなと思うことが他の人に起こらないように、皆で一緒に考えようではないかという俯瞰《ふかん》の視点が、自分と対峙していく（議論を戦わせる）相手に共通の目的を見出させ、相手に対して結果的に自分の思いを伝えやすくなるわけなのです。

一方で、社会的な意味で怒りを使うということは、社会がもたらす不条理に対しての責任と行動義務を持つことにもなります。

「自分が良ければ、他の人が困ってもいいと思うような人との人間関係は好きじゃない、必要ない」好きか嫌いかで決める、というぐらいの腹のくくり方をしていく。ときには怒りを伴って。あるいは、自分はこういう人間だと素直に自分をさらけだす。

これが、私の思う覚悟です。

怒りや圧が覚悟をもたらすと、本当に必要な人間関係をも引き寄せてくれるようになります。

覚悟を培う上で大事なのは、まず、筋が通っている怒りを持つこと。次に、自分以外の第三者のために怒りを使うということ。

ここさえ外さなければ、後述するプレッシャー・ディレクションによって、立派な覚悟を持つことができるようになるはずです。

第2章

不条理から身を守れ！

怒りを推進力に変えていくスイッチ

私は、学生時代のスポーツ心理学の研究知識や、スポーツジムの経営経験などを活かして、アスリートといろんな話をすることがよくあります。

縁あって、プロレスラーに指導をする機会があるのですが、関わる選手の中には有名な選手もいれば、まだ無名の選手もいます。このときに必要なのは、指導者として適切な緊張感を保てるかどうかです。

相手が有名人だからといって、自分が圧を下げてしまい、ミーハーな気持ちで接すると、指導はおろか人間関係もうまくはいきません。ですので、自分の指導をしっかりと浸透させるためにも、めいっぱい、圧を上げて接することを大事にしています。

余談ですが、私のことを、ある人気レスラーがジムから帰ったあとに、SNSで「北井さんの圧がすごくびっくりした」というコメントを載せていました。

これは私にとってとても嬉しい、印象的な出来事でした。

プロレスのリング上で繰り広げられているのは、単なる技の応酬ではないと思っています。技以前に、意識するしないに関わらず、圧の勝負をしているのでしょう。そして闘志の源になるのは、やはり怒りの感情です。

冷静に闘っているように見えている選手がいても、心の奥底に怒りがあり、怒りが圧に変わり、それを観客が感じとるからこそスリリングな試合を楽しめるのだと思います。

プロレスラーたちが、おだやかな気持ちで戦ってしまうと、どうなるか。「かかってこい、コラァ！」などと大声を出しても、「なんだか大声の割には、ちっとも迫力を感じないな」と思うでしょうし、見ていても面白くない。逆にしらけてしまうかもしれません。

それから、若手レスラーにみられるリング上での存在感が薄いというものがある。確かに試合を見ていると「どうも圧負けしているな」と思うことがあります。圧負け……つまり先輩格の選手に気迫で負けているということです。

こういうとき、若手にちょっとしたアドバイスをさせて頂くことがありました。

「先輩だろうがなんだろうが、パフォーマンスでもいい、どんどん張っていく気持ちだ。とにかく張ってみること。思い切ってケンカ売るくらいの気持ちで。張った後は気持ちで負けないように。怖いだろうけどな。それでもやってみることが大事なんだ」

張るというのは、頬《ほお》を張り飛ばしたり、チョップなどの応酬したりということです。

後輩に頬を張り飛ばされると、当然、先輩は激怒します。そのあとに「ごめんなさい」などと謝っても、それは通じません（笑）。つまり、もはやするしかない。挑むしかない。「背水《はいすい》の陣《じん》」です。

技術や体格というプロレスラーにとって重要な要素を、先輩選手たちは若手選手より豊富に持っているわけですから、若手選手は試合では負けてしまうかもしれない。それでも試合そのものはとても盛り上がっていくし、「あの若手選手、なかなか根性あるな。おもしろい選手になりそうだ」というファンだってついてくるものです。

まずは、思い切ってやってみる。すると、自分の中で、自然に怒りを維持し、圧を広げていくことができるのです。

エネルギーが満ちたような状態になり、そのエネルギーは凄みになる。つまりプロレスラーとしての魅力が出てくるようになるのでしょう。

格闘技の世界では、リングに上がると先輩も後輩もありません。下の人間は、常に考えなくてはいけないのです。

「どうやって目立っていくか。どうやって上の人間を食っていくのか」

ここで気持負けして、大成するはずがない。

いわば自分なりの戦いのセルフイメージを作り上げることが大事なのです。

誤解のないように捕捉しますが、私の知る限りプロレスラーは日常的に乱暴だったり、粗暴なわけではありません。

選手たちは、普段の生活の中では、大人しい性格の方《かた》が多かったりします。当然、毎日の中でそうそう怒ることもありません。ですが、試合という非日常のシーンでは、意図的に圧を上げていかないと、試合に勝ったり、応援してくれるファンも獲得しづらいでしょう。


圧を上げていくと、相手が自分の中の何かを見ようとしてくれます。「こいつの奥底には何かある。用心しないと」と感じるのです。

圧を上げるというのは、その緊張感を生むための雰囲気づくりであり、空気づくりです。後には引けない緊迫した環境が、さらに闘志を練り上げ、推進力に変わっていきます。

このとき、最も手っ取り早いのは、相手の力を借りるということ。つまり相手がこちらへ突っかかってくる気持ちを利用して圧を上げること。

例えば、先輩を張るというのは、その環境を作り出すための、ひとつのきっかけ、スイッチというわけなのです。

アウェーをホームに変える

怒りを圧に変えて、相手へ挑んでいくエネルギー、もしくは推進力にする技術や考え方をぜひ使ってほしい。これが本書の狙いの一つではありますが、誤解してほしくないことがあります。

それは、怒りや圧は、決して弱い者いじめをするための手段ではないということです。

怒りや圧は、むしろ自分よりも大きな相手と対峙するときのための手段です。つまり、一方的に要求を突きつける卑怯者とは正反対であるということです。

私の場合、すべては「人と分かり合うため」に、相手にぶつかっていきます。言い換えれば、そのプロセスは気の置けない友人とともに風呂に入っている感覚……裸一貫で付き合っているという感じなのです。

圧を上げていくのは、自分の存在が、その場をコントロールできるような環境を作っていくこと。自分の土俵に相手を上げていくことです。もちろんその土俵は、決して人を痛めつけるための土俵ではありません。

さらに言うと、アウェーの戦地に行って、その場を自分のホームにするよう、ひっくり返してしまう。それが怒りと圧がもたらす驚きの結果であるとも言えるのです。

人対人で話すときは、どんなタイプの人であれ、私にとっては役職や肩書なんて関係ありません。筋道を通して向き合う限り、また相手が詐欺師ではない限り、「そうか、確かに北井さんの言っている通りだな」と思って、腹を割るために土俵に上がってきてくれるようになるのです。

ですから私は色々あった後でも、結果として相手とほぼ必ず仲良くなっていきます。そういう状況に持っていくためにこそ、行動していると言っても過言ではありません。すべては覚悟と圧の成果です。

怒る人は好戦的な人なのか？

ここまで書いて、「北井は好戦的な人間なのか」と思われる人もいるかもしれません。このあたりで一度補足をさせていただきます。

もちろん、人と揉めるのが好きだなんてことはまったくありません。ただ、なぜか怒らなければならない状況が多過ぎたのです。

三十代なかばまでは、むしろあまり多くのことを言わないように、あえて意識していた人間でした。人一倍短気であるがゆえに、怒ると大変だとか、怒るのはいけないことだと思い込んでいたからです。

「自分が折れて話がつくならば、折れたらいいじゃないか」そう考えることも少なくありませんでした。ただし、気が小さかったわけではありません。立場が上だからといって弱い者いじめをしてくるような相手には、必ず挑んでいきました。

なぜ私が怒りと圧の使い方を獲得することが必要だと悟っていくようになったのか。過去をさかのぼると、様々なところにその要因が見て取れました。

例えば、我が家は色々な複雑な事情があり、物心ついたときには両親はいつも家にいなかった記憶があります。

私は三人姉弟の真ん中。親がいなくとも子は育つではありませんが、姉が私や弟の世話を甲斐甲斐しく見てくれたことをおぼろげながら覚えています。

幼少時にこんな経験がありました。

何か自分の持ち物を別の園児に隠されてしまった私は、黙ってこのまま家に帰るか、その場で取り戻すかの選択を迫られました。幼稚園児ですから、怒りとか圧とか、そんな概念は持っていません。

私は迷いました。でも。

「たたかおう」、そんな答えを私は出したのです。

何か根拠があったわけではありませんが、そう思い、ケンカになったのです。もちろん幼稚園児のケンカですから、ちょっとぶつだの、突き飛ばすだの程度のかわいらしいものです。

そこで相手が「ごめんね」と謝ってきてくれたので「返してくれればいいよ」と笑って許しました。「立ち向かうことは間違っていることでもなさそうだ」と思ったことは記憶に根付いています。

気づくと圧を使っていた

その後、小学校5、6年生ぐらいのときに両親が離婚、ほどなくして母が再婚をしました。大人になってから実の父親とは再び接点を持つようになるのですが、子供のころは、何をどうしても勝てない、大きな存在でした。再婚相手も同様です。

目の前に大きな存在を感じた私は、いつか両親を超えていきたいと思うようになり、中学時代からまずは体を鍛え始めたのです。

家の近くに捨ててあった古タイヤなどを集めてはトレーニング機材を自前で制作し、我流ではありましたが、キックボクシングを始めたりもしました。弟とベンチプレスの真似事を始めたりもしました。

毎日、足が腫《は》れるほどに古タイヤを蹴り、プレハブのジムのようなところで、スパーリングにも熱を帯びるようになりました。そのとき、練習の帰りに地元の不良たちと鉢合わせたりもするのですが、無意識のうちに私は圧を放っていたのでしょう。関わろうとする人は誰もいませんでした。

ただ、ついついキックボクシングに熱を入れすぎてしまったせいか、勉強が嫌いだったせいか、第一志望の高校が不合格になり、先生が二次募集を探してくれた学校に入学することになりました。

でもこの高校時代が、覚悟と圧の感覚を知る、そんな原体験の一つになったのです。

不良漫画の代表格に『ビー・バップ・ハイスクール』（きうちかずひろ／講談社）という作品があります。私が通った高校は、当時まさに都内有数の不良高校で、各地で有名だった暴れん坊ばっかりが集まってくるような学校でした（現在は大変優秀な生徒ばかりの高校と聞いています）。

入学式からにらみ合い、取っ組み合いのケンカを始めるわ、他校とはしょっちゅういざこざを起こすわ……さらに、もしケンカに負けて帰ってこようものなら、先生からして「もう1回行って勝ってこい」など。もしくは坊主頭にされるというような始末です。

そんな学校でしたので、母は大変私の身を案じていたようでしたが、元々キックボクシングで鍛えていたこともあり、また二人の父親に比べればなんてことないと、私は不思議と恐怖を感じることがありませんでした。

あるとき、学校内で生徒たちにいきなり囲まれてしまったことがありました。1対30という圧倒的な不利な状態です。武道経験や格闘技経験がない人であれば、当然怖気づいてしまうシチュエーションです。

そのとき、私が恐怖を感じていなかったか？

感じてはいませんでした。必要最小限の対応でなんとかなるだろうと、有利に持ち込む対処法が見えていたからです。怪我に繋がらないように力をセーブし、自己防衛の範疇で、3、4人ほどにキックを繰り出したかと思います。すると、それを見ていた周りの生徒が、蜘蛛の子を散らすように、あっという間に去っていってしまいました。

誤解をしていただきたくないのですが、暴力自慢をしているわけではありません。また「こんな学校で生き残ってきたんだ」と武勇伝を語っているつもりもありません。

対応方法が身についていたので、相手をこう動かそうと予測して、慌てる必要がまるでなかったのです。

もちろん、暴力的に解決するのは褒められたことではありませんが、少なくとも自分が不利な状態になっていても、その場をひっくり返す手段の一つを知っていたことが、自分の身を助けたことは事実なのです。計算された、仕組まれたカウンターとでもいうのでしょうか。

こんなこともありました。

修学旅行のときです。同じ学年でもかなりの悪《ワル》で通っていた生徒たちと同じ部屋になりました。実はこれには先生方の隠れた計算があったという話を後から耳にしました。

私は学校の暴れん坊に囲まれても、自分を守ることができていたので、暴れ者達も一目置く存在になっていました。そこで、先生たちの言うことを聞かない彼らでも、「北井はきっと、うまくやってくれるんじゃないだろうか」と考えたようなのです。

なんとも、はた迷惑な話ですが、同部屋になって修学旅行を過ごすうち、私はあることに気付いてきました。

学校の壁は壊すわ、休み時間になるたびにケンカをするような暴れん坊たちが、「北井、先に風呂入ってきていいよ」とか「疲れてんの？　じゃ、先に寝なよ」などと優しくしてくれるのです。

もちろん私が怖いからというわけではありません。私と心のどこかで繋がりを感じて、いつしか共感関係になっていたのです。つまり、一目置いた私に、仲間として接していたのです。

また、学校帰りに電車に乗っていたときのことです。

他校の高校生がおもむろに近づいてきて、「お前さ、どこの中学で番を張っていたんだ」などと聞いてくるのです。私は番など張ったことはありませんし、いたって真面目な中学生でした。もちろん高校時代も引き続き真面目な高校生です（本当です）。「雰囲気でわかるよ。俺も〇〇中で番張ってたからな」と。

後から考えると、キックボクシングを通じてか、自分を守るための怒りというものを、無意識ながら獲得できていたのでしょう。自分でも気づかないうちに圧を高め、周囲から見るとある種の違和感、オーラのようなものを放っていたのかもしれません。

このときから、圧によって人間関係がいい変化を生み出す……つまり、人と人が分かり合うために、圧を使うこともできるのだということを、おぼろげながら感じ始めたのです。

決意と覚悟が物事を動かす

そして高校を卒業する際、高校受験のときとは違い、今度は何校かの大学に合格しました。しかしながら、中退。在籍の通信制さえも興味がなくなり「ゆっくりのんびり、アルバイトでもしながら学位を取ろう」と思っていたものの、結局二年しか続きませんでした。大学に興味が持てなかったのです。

では、当時自分の中で最も興味があったことは何だったたか。

ウエイトトレーニングと自動車レースでした。自分のトレーニング用に私が通っていたジムは、神奈川県下でも有名なジムで、大会で常にトップクラスに入るようなボディビルダーやプロレスラーを輩出していました。またかつては文豪・三島由紀夫も足しげく通っていたというから、まさに名門中の名門。

キックボクシングを始めたころから強くなる、二人の父親という壁も超えたい、という思いが大きく膨らみ続けていたので、体を鍛えるということに対しては人一倍強い気持ちがあったのです。

アメリカの最新のスポーツ医学を取り入れた、今でいうパーソナルトレーナーの原点のような資格などの勉強をし、パーソナルトレーナーとして雑誌の取材なども受けました。当時はまだパーソナルトレーナーは珍しかったのです。スポーツジムでアルバイトをしながらも、様々なトレーニング理論や知識を身に着けていくうちに、私はひとつの考えに達しました。

「確かに最新のものだけど、結局は誰かが作った理論。どうせなら自分独自のトレーニングを考えよう」

このとき、「北井さん、ぼくの大学院の研究室で、研究のちょっとした手伝いをしない？」と、ひとりの人物から声をかけられたのです。専門学校でアルバイト講師をしていた、東京大学大学院の学生でした。彼は、自分のスポーツ理論の博士論文の手伝いをしてほしいと言ってくれました。

「おもしろそうだな」

それが第一印象でした。

うまくいけばスポーツ心理学会の推薦ももらえるから今後の後ろ盾にもなるし、これは面白そうだと直感的に感じて、研究所に行くことになります。

もちろんスポーツ理論を学べたことは自分の中でも大変な財産ではありますが、名門ジムにいるメンバーとともに切磋琢磨する中で、気付いたことがあります。

自分を変えたいという願いを実現するためには闘争心が必要です。その闘争心は、他人にでなく、自分の中に向かっていくものなのです。

ハードなトレーニングを重ねていく過程で自分を追い込む。その中で自分との闘いは避けては通れません。また切羽詰まった状況に置かれるときも同様です。フィジカル的にも、メンタル的にも、いやおうなしに自分の中の自分と向き合うことになります。すべては外側にではなく、自分の内側の問題です。

　そこで「やるぞ！」と覚悟を決めると物事がどんどん転がりだしていきます。覚悟を決めると、自動車レースのようにハイスピードで走り抜けながらも視野は広いままで、慌てることなく周囲を見渡せるようになるのです。覚悟を決めることで余計な力が抜けるのです。

刀を抜かずに恭順《きょうじゅん》させる

　幼少のときから、実の父と再婚相手の父という、二人の大きな山をどうやって自分は越えていくのか。北井孝英という人間を語るとき、このハードルを避けて語ることはできません。

　特に、今の私を作り上げてきたのは、実の父親への対抗意識でしょう。

　先述した通り、実の父親は私が幼いころに母と離婚しました。でも、生き別れていたというわけではなく、比較的近所で不動産業と農業を兼業で営んでいたせいか、大学時代あたりから再び交流が戻りました。

父はとにかく切れ者で、囲碁をやればプロの棋士をあっさりと負かしてしまい、議論をすると誰もがうまく丸め込まれるほどの弁舌《べんぜつ》を誇っていました。「この人に、頭で勝たないと、本当の意味で超えたことにはならない」。しかし、いくら勉強しても、いくら作戦を立てて議論に臨んでも、20代のうちに、父に勝つことはできませんでした。

父との力関係といいますか、距離感や関わり方が少しずつ変わり始めていったのは、30代も半ばをすぎたあたりからです。

そのころ、父は夜な夜な私を自宅に呼ぶようになっていました。呼ばれては父のところに行き、3時間ほど話し込んで家に帰る。そんな毎日が1年ほど続いていくことになりました。

どうして今まで距離があった父が、頻繁に私を呼ぶようになったのか。年齢的なさみしさもあったかもしれませんが、何より、私が父との議論についていいけるようになったことで、私が父にとっての格好の遊び相手になったということなのでしょう。

議論する内容は様々で、政治について話すこともあれば、警察など国の機関や機構の是非について論じあうこともありました。父は自治体がらみの団体活動をよくこなしており、いくつもの団体会長を兼務していたので、その団体の施策が議論のテーマになることもありました。私も次第に父と夜中に話すことが楽しみになっていました。

頭が切れる上、破天荒……そんな父の性格を表すエピソードの一つです。

あるとき、訪れてみると、すこぶる機嫌が悪い父がいました。どうしたのかと聞くと、「今日は機嫌が悪いんだ、誰かに八つ当たりするかな。爆弾を落とすから見てろ」などと言い始めます。やはり無茶苦茶な人だなあと思いました。

それでも有言実行と言わんばかりに、自治体の関係者や役所の職員の方を電話で呼び出し、「八つ当たり」をするわけです。最初のころは息子ながら、どうしたものかとハラハラした面持ちで見ていましたが、その「八つ当たり」はなかなか粋《いき》なものでした。

父は関わっている機関や団体の問題点をずらりと並べ上げ、なかなか改善されない問題個所を次々と指摘し、相手の言い訳を論破していきます。相手からすると、痛いところ突かれるわけですし、父の剣幕が凄いものですから、しどろもどろになりながら懸命に知恵を絞って解決方法を模索していきます。

あるときは、相手に何ともいえない柔らかな圧をかけてみたりと、私はその様子を不思議に思って見ていました。

その場しのぎで安易に出てくる答えでは父の納得する結論にはなりません。そこで困り果てた相手は、私に助けを求めてきます。

「あのう……孝英さん、なんとか……」

「いや、そんなこと言われても、これですから私には無理ですよ……」

「そこをなんとか」

「困ったなあ。でも父親の言っていることにも一理ありますから、ここは話をのんでおかれてはどうですか」

そういうと相手は困ってしまいます。

それでも放っておくわけにはいかないので、ここで私が父親に耳打ちをします。

「言いたいことはわかる。本質を突いている。でも、相手方も困っているから、ここはこういうふうにしたらどうか？」

妥協という訳ではありませんが、その場で超えるべきハードルの高さを少し下げていったのです。父親の狙いは正にここにありました。

「そうか、おまえがそういうなら、今日のところはそうしておくか」

さっきまで怒っていたかと思うと、今度はニコニコと笑っています。当時は訳がわかりませんでした。

自分の保つべき威厳を保ち、かつ問題解決を少しでも前に進めさせるための、言わば「計画的機嫌の悪さ」だったわけです。

私からすると、そのために自分をダシにつかうなと愚痴の一つも言いたくなりますが、その私をしてまんまと父の術中にはまっていたのですから、為《な》す術《すべ》もありません。


これが父の作戦だったことに気づいて以降は、私は父の施策をサポートするアシスタントのような立場になっていきました。


父が圧を操っている人であることに気づいたのも、その頃でした。

あるとき地元の警察署長から依頼され、父は「安全安心まちづくり」という組織の初代代表に就任することになりました。

その最初の大会が行われた地元の公会堂には、警察の方や地元の名士、議員といった方達もずらりと並ぶわけですが、父はそこでスピーチであいさつをするということで、私は仕事を半日で切り上げ、様子を見に行きました。
このときの父親の豹変ぶりを、私は生涯忘れることはできないでしょう。

「……なんだ、これは……」

怒鳴ったり叫んだりしているわけではありません。あくまで挨拶をしているだけです。でも、並み居る警察のお偉方も硬直し動けないほどの圧が、会場中を覆いつくしているのです。私は最後尾の席に座っていたのですが、遠目からも、あまりにも父の迫力が群を抜いていて、何をしゃべっているか話がぜんぜん頭に入ってこなかったほどでした。

やわらかく、とてつもない、圧。
今まで見たことがないような、空間支配。
父の体が燃え上がるかのような、闘気。
否応なく視線を持っていかれる、存在感。

こういう人を、敵に回したくないなぁ……。

「なんか……すごかったけど……」

私が父にそうこぼすと、父は笑って「そうだろう。たまには見にこい。いつもあれをやっているから」といって、いつもの農家の親父に戻るのです。

人間は多面性を持つ生き物で、家族に見せる顔と仕事で見せる顔が違うのはよくある話ですが、いつも町内会で見せる「いいおじさん」の顔が（たまに「不機嫌なおじさん」にもなりますが）、これほど違うとは……驚きという言葉では言い表せないカルチャーショックを受けました。

本当に圧を放てる人は、普段からやみくもに周囲を威圧しているわけではないのです。

それまでの私は、筋道が通っていない人には正面からぶつかるようなこともありましたが、正面突破よりも強力な圧による空間支配を目の当たりにして考えが変わっていきました。

千人もの相手を斬った武士と、千人もの相手に刀を抜かずに恭順《きょうじゅん》させた武士と、どちらが強い武士かはいわずもがなです。刀を抜く前に、勝負を決められるのですから、後者のほうが強いに決まっています。

このときの父の様子を見て、怒りによって圧を上げるということは、相手を斬ること無く勝つ手段でもあるということに気づかされたのです。

運気は覚悟を持つ人を選ぶ

また覚悟と圧について、その当時、北井家と地元の名士の工務店との所有する土地問題でおこった、ある出来事について話そうと思います。

父の暮らしはとても質素なもので、元々は兼業農家でオフシーズンには小さな不動産賃貸業で食いつなぐという暮らしをしていました。団体会長をいくつもしていたとはいえ、それは奉仕活動でのこと。たまに企業相談役の報酬として、ちょっとした小遣い程度の金銭をもらう程度でした。

それでも北井家は地域ではそこそこ名士の家柄でしたので、警察や公安関係者も足しげく父のもとへ相談事を持ち込むほか、さまざまな方面から頼まれごともしていたようで、地元ではちょっとしたフィクサーのような存在だったと言えるでしょう。

江戸時代の十手持ちの親分のところに、町内で暮らす人々が何かと相談に言っていたような、あんなイメージです。

父と話すようになって、1年ほどした頃、ふいにこんなことを言われました。

「俺と（知識的に）対等に喋れるようになってきたとは大したもんだ。30代にしてはふけてるな、わははは」とどこか愉しげに笑ったのです。

父親の笑顔を見て、何故か満ち足りた想いを感じた出来事でした。

でもそこで、北井家には解決しなければならないある問題が発生したのです。こんな話だったと記憶しています。

父の所有している敷地に、弟宅を建てるという話になったのですが、その土地のほんの一部分、地元の工務店の方が所有の土地が残っていました。

北井家はもともと大地主で、土地も複雑に分けられていました。

弟宅を建てるためには、その一部の土地を使わないと設計上どうにも建築許可が下りない。しかも昔、土地の売買をしたとき、いずれその土地は工務店側から父親へ譲るという口約束をしていたらしいのです。でも相手にも言い分がありました。

「いや、あなたが言うには、そういう話になっていたかもしれないけど、書類としてもデータとしても残っていないし分からない。ハンコはつけないよ」

こうなってくると、言った、言わない、約束した、していない、という水かけ論になるのは必至。実際にお互いに感情的にもなってしまい、相手も職人気質なもので、お互いに折れる気配はない。問題はどんどんこんがらがっていきました。

「これはまとまらないかもしれない……」と思っていました。

私も路上で工務店の店主と大ゲンカをしてしまったし。

でもそのころ、その工務店が管理、運営をしていたマンションで私の姉の友人が暮らす部屋から火事が起きるという騒ぎがありました。

マンションはかなり焼けて、姉の友人が警察で事情聴取を受けることになったのです。

警察でわんわんと泣いている友人のところに私が向かい、そこで火事の原因を探りながら、さまざまな手続きをするほか、警察と話し合いました。

警察も人の子で、「北井さん、わかりました。注意ということで」と収めてくれました。

びっくりしたのは父親です。火事のことは耳に入っていたようですが、私が間を取り持ったことは知らなかったようで、マンションの管理会社の社長（地元の名士の工務店）から「ありがとうございます。息子さんにいろいろ手配してもらって」というような、電話がかかってきたそうです。父は目を白黒させるばかり。

そりゃそうです。つい昨日までギャアギャアとやりあっていた、犬猿の仲の状態だった工務店自らが低姿勢で来られたのですから。

また、火事の件が収まってすぐ、その前に衝突したときに少々言い過ぎていたと反省するところがあった私は、工務店にそのことを謝りに出向き大きな声で謝罪しました。すると、相手方が奥から出てきて手を握り、感謝してくれるばかりか、土地の件もスムーズに解決に至った、そんな話だったと思います。

父親と工務店の二人の間には長くいざこざがあったのにも関わらず、たたみかけるような解決スピードに父は一言、言いました。

「お前、良くやったな。かはは」

めったに褒めない父の言葉が嬉しく思いました。

かつて「超えなくてはいけない」存在だった父の一言を聞き、また父が私に投げかける視線を見て、私は少しでも父を超えられたような気がしていました。

このやりとりには、多分に運も含まれているでしょう。すべてが私の力で解決できたのでは無いと自分でも思っています。

しかしながら、うち側も、相手側も、どうすれば最もいい解決方法になるか、真剣に話し合った協議だったし、その上で良い終結となったので本当に良かったと思います。

自分の中で圧をあげ、日常的に覚悟をし、全てに誠実に向かいあったことで、いつしか周囲が自分に理解を示してくれるようになり、多くの人が「あいつに任せる」という信頼をしてくれたことで、今回のような結果を出すことができたのではないかと、今では思っています。

よく、モノが人を選ぶといいます。車でも洋服でも、いいモノは自分を使いこなせる人を選んでいきます。

私は運も同じなのではないかと感じています。強い運はその強さを受け止め、覚悟している人のところにこそ宿っていくものだと。

覚悟と運はそのような正しい関係性にあるのではないでしょうか。

父親の話には後日談があります。

父親の死後、私は父親が担っていた各団体の肩書をそのまま引き継ぐことはありませんでした。急に亡くなってしまったわけですから、引継ぎも何もしていない私には何の権限もありません。

最初のうちは大変苦労しました。まだ30代半ばの若者が、色々な父親世代の人たちとやりあわなくてはいけないのです。まともに話を聞いてくれることのほうが珍しかったりもしました。

村社会的な発想は、いまだ日本全体で言えることですが、私たちの居住場所が横浜のはずれという区の自治団体だったのもあり、旧態依然に物事を進めていく保守的なやり方がまだ当たり前なコミュニティだったのです。

ただ、私の父親は自分自身の考えを信じて、様々な問題を改革していこうとしていた人でした。

そして私も、自分なりの信念で生きてきた人間です。

今までの流れやしきたり、前例を守るというありかたももちろん否定はしません。しかし、地域の中で、次の世代が自分らしく暮らしていける社会を作るために、融通の効かない既存の社会システムを壊すことも大事だと考えています。

また、目の前の問題に向き合わなかったり、しきたりばかりにとらわれている現状に対しても構造改革が必要だと思い、実際に行動をしたりしています。

そうして少しづつですが、私は地域の問題処決にも存在感を持って関われるようになってきたのです。

そんな問題解決、構造革命をする中で、もちろん多少なりともトラブルが起こったこともあります。でも、大体が最後には皆で笑顔で握手と決着してきました。

父から学んだ圧の使い方と父を超えていくことが当面の目標だったことで、私なりの人生の覚悟が既に十分にあったのでしょう。

社会をよくしてゆきたいという気持ち。地域を思う気持ち。また次世代を思う気持ち。それらすべてが覚悟と圧との重なりで、よりしなやかに強硬になっていったからこそ、私は様々なことを頑張れたのだと思います。

私が覚悟や圧に救われたように、少しでも覚悟や圧があればどうにかなるのに、それが無いゆえに苦しんでいる人がいるのも事実です。

毎日の生活に疲れて、自信も怒りも失い、まったく頑張る気持ちがなくなってしまった人は、だいたいこのように考えます。

「会社が悪い。環境が悪い。自分が何もできないのは、周囲のせいだ。このままじゃいけないから、転職しよう」

これは問題をすべて外側のせいにしてしまい、立ち向かう努力をしない、エネルギーや闘争心を自分の内側に向けて問題を解決する姿勢と真逆の立ち位置です。

もしかすると、転職先でも同じように思うかもしれません（おそらく、思うことでしょう）。今の職場でも、次の職場でも、その次の職場でも、問題を乗り越えていくことができない人は、ただ場所が変わっているだけなのです。

頑張る気持ちを自分の中に張ってゆくことが大事なのです。

自分で自分を変えようと努力しなければ何も解決しないのです。

変えようとするためのエネルギーがモチベーションになり、怒りがそのモチベーションを支え、覚悟を形成していくのです。

でも、そんなことは、誰にでもできるのでしょうか？

はい。できます。次章では、怒りをエネルギーにして圧を上げ、その上で覚悟を決める方法を示唆してゆきます。

第3章

プレッシャーの基礎技術

空気は自分で作るもの

では、怒りをエネルギーにして圧を上げ、一種の緊張感を作り、良いコミュニケーションを実践していくための技（これをプレッシャー・ディレクションと言います）を伝えていきます。もちろん、目指すべきゴールは「覚悟を決めて楽になる」です。

日本人は空気を読むことが上手いと言われています。この空気を読むということは一体どういうことなのか。

ごく当たり前のことですが、空気を読むと言っても、目の前にある「空気」そのものに何かしらの変化が起きているわけではありません。

人が喜んだから温度が一度上がったとか、涙を流したから湿度が上がったなどということはないわけです。

ここでいう空気というのは、すなわち雰囲気のこと。

例えば明るく笑いが絶えない場には、軽くて穏やかな雰囲気が漂っています。一方で、誰かが上司に激しく雷を落とされた後のオフィスには、重苦しい、ただならぬ雰囲気が漂っていたりするもの。

「空気を読むことが上手い人」は、この雰囲気を敏感に察して、その場の雰囲気を壊さないようにすることが得意です。

その場にいる人々の感情の変化が何もない状態のときは、もちろん特別な雰囲気が生まれることはありません。空気すなわち雰囲気は、人が何かアクションをしたときに、初めて変化していくものなのです。

また、これから何か行動をしようというとき、行動によって生み出される雰囲気には、その場に相応しい雰囲気とふさわしくない雰囲気とに分かれます。

例えば、結婚式でのスピーチ。皆が新郎新婦を祝福している雰囲気なのに、例え冗談でも別れや亀裂を想像させるようなことを言うのはタブーであるはずです。

また、格闘技の試合のような真剣勝負の現場でヘラヘラと笑っているなど、緊張感のないような行動をしてしまうと、やはりその場には相応しくありません。

物事を成功させる人というのは、自分が「これから何を成すか」という目的と、それに伴う行動に沿った雰囲気を自ら演出していく技術に長けた人が多いのです。

では、プレッシャー・ディレクションにおける適切な雰囲気とはどんなものなのでしょうか。

怒りを圧に変換し、目の前の相手と真剣なディスカッションをしていくわけですから、格闘技と同じように緊張感が漂ってくる雰囲気であるべきです。

もっと言うと、言葉を発せず黙っていても、「わかっているね。これから大事な話をするよ」というメッセージが相手に伝わるような、凄みのある雰囲気が求められるのです。

さて、凄みのある雰囲気を演出するとき、あなたならばどうしますか。

例えば、次のようなアイデアが浮かんでくるはずです。

・相手を睨みつける
・奥歯を噛み締めて、渋い顔をする
・眉根を寄せて、真剣な顔つきを崩さない
・服装を変えて威圧感を演出する
・任侠映画のように肩を怒らせながら歩く

実はこの中に正解はありません。

俳優であればこのような演技をしてもいいかもしれませんが、プレッシャー・ディレクションにおける空気の作り方というのは、姿形を変えるということではないのです。

先ほど挙げたような姿形にしたところで、場慣れした相手ならば、形式ばった威圧などさらりとかわしてしまいます。

また、相手を脅したりイラッとさせるということがプレッシャー・ディレクションの目的ではありませんから、単なる脅しのような手法は、意味がありません。

では、どうやって雰囲気を適切なものに変えていくのでしょうか。ヒントとなるのは違和感です。

雰囲気の違いは違和感を生み出す

違和感と言われても、すぐにピンとこない人がいるかもしれません。有り体に言ってしまうと、違和感とは「なんだかしっくりこない、どこかチグハグしたような感覚」のことです。

人と人がコミュニケーションをとるとき、基本的にはスマートな意思疎通をしたがるのが当然です。会話のキャッチボールは、リズミカルに、よどみなく行われるべきで、ちぐはぐしたやりとりになってしまってはいけない……これがスタンダードな考えです。
しかし、このちぐはぐ感がもたらす、なんだかおかしいぞという感覚がプレッシャー・ディレクションを効果的に働かせてくれるのです。

人間は、違和感を感じるとき、つまり、「何かおかしい」という感覚を抱くとき、その「おかしい対象」は何かを突き詰めようとします。つまり自分に違和感をもたらしている原因を探そうとするのです。

違和感をもたらす原因は、違和感をもたらしている対象（相手）のどこかにあります。なぜ違和感を感じているのか、相手を注視して原因を探し出そうとする。そのためには一定以上の集中力が必要になりますので、これだけでも消耗はかなりのものになります。

また、違和感をもたらすものが見つけられないままでいると、「自分にとって何か不利益なことが起こるのではないか」「自分の危機につながるのではないか」という恐怖や不安が沸き上がってきます。

極端な例かもしれませんが、こういう例も考えられます。
ある家庭の夫婦が毎日楽しく仲良く暮らしており、ある日突然妻が、「夫の様子がどこかおかしい」と感じたとします。妻は、「もしかしたら夫が何かを隠しているのかもしれない」とか、「もしかすると夫も体調が悪いのかもしれない」とか、さまざまな想像をめぐらすことになります。

こうした想像が膨らんでいくと、最悪の場合、最もリスクの高い状態まで想像を巡らせてしまうのです。この場合で言うと、離婚という状況です。そこで妻は夫にあれこれと質問をし、問いただしていくことになるでしょう。

意図的に違和感を持たせることができると、相手の不安感を増大させるとい

う点で優れた効果をもたらします。相手に不安感がつきまとえば、相手は必ずその不安を解消するために多弁になっていくのです

物事を多く語るということは、ディスカッションの上で有利なように見えますが、実は圧倒的に不利なポジションです。「雉《きじ》も鳴かずば撃たれまい（余計なことを言ったことで、自らにとって不利な状況を招く）」という言葉ではありませんが、喋れば喋るほど隙ができてしまうのです。

違和感を仕掛ける側としては、まずは先手必勝でひとつ楔《くさび》を打っておきます。この先手必勝はとても大事な要素です。それさえしておけば、ボクシングのように相手の隙を作り出しカウンターパンチとして打つこともできますし、相手が体力がなくなり自滅していくことを待つこともできます。

もちろん相手にとって違和感が最終的に解決されなければ、自分は良くても相手の中で腹落ちしたり決着したという実感がもたらされません。ディスカッ

ションのゴールとなる結論を導き出すときには、お互いに笑って握手ができるようになっていることが理想です。

目はあなたの心を代弁する

よく「目は口ほどに物を言う」と言います。人間にとって目は内側の感情を表すモニターのようなものです。

目線の上がり具合や下がり具合、目の周りの疲れ方、瞳が濁っていないかどうか……人間はどうしても、目から現れる感情を隠すことができません。

プレッシャー・ディレクションにおいても目は圧を放つ媒介装置として使うことができます。

感情が目に宿るということは相手からすると、目から感情を読み取ることができるということ。逆を言えば読み取れないと相手の心を読めないということになります。

目を合わせると感情を読み取られるのであれば、目を合わせなければいい。ここからも違和感が生まれてきます。


私の場合は、ぼーっとしたような表情で、どことなく一点を凝視して動かないという行動で違和感を作り出すことがよくあります。

相手が何を話してこようと、どういうリアクションをしてこようと、相手の方を見てはいますが少しずらして、ただ一点を見つめていくだけです。

すると相手としては、私が何を考えているか読むことができなくなる。疑心暗鬼に陥り、最終的に口数が多くなる。結果、ボロを出してしまったり、矛盾したことを言ってしまい自滅していきます。

私としては、最終的に予定通りの綻《ほころ》びが出たところで、相手を見据えて矛盾点を突く。そのただ一言を放つだけ。


「それで、ここがおかしいといっていることがわかる？」

これで勝負あり。

格闘技で言えば、相手の攻撃を柳の枝のようにさらりさらりと受けつつ流したあとで、最後に決めるところだけ決めて一撃必殺というわけです。

ただ一方的に相手を睨《にら》みつけるだけだと、こうはいきません。睨みは、人によっては不安や恐怖を与えることができるかもしれませんが、それなりの立場にいる人間や、経験豊富な人間に対しては効果的ではありません。

重要なのは自分の心を読ませないための、目の動きを意識するということなのです。

イメージ・トレーニングを活用しろ

圧を上げる、違和感を生み出す際に、私は必ずイメージ・トレーニング（想像、予測など）を駆使しています。

まず負けないイメージを作り、怒りから圧を生み出し、やる気や実行力、エネルギーに変換していくのです。イメージトレーニングでは感情まで引き出すのが大事です。

身に付ける物や服、アクセサリー、時計なども利用して自分をその気にさせる、という方法もあります。

実は具体的なイメージを強く持っていると、そのイメージを実現しようという心と体の動きが現れてくるようになります。

例えば、自分が相手を圧によって飲み込んでいるような光景を思い描いて行動をすると、実際に脳がそのイメージ通りに行動しようと心や体に働きかけていきます。つまり、意識をしていなくても自然と圧を上げていけるような体と心の環境が整っていくのです。

また、具体的なイメージを持てていれば、実際に相手と対峙するとき頭の中のイメージを自分がなぞっていくだけですから（言い換えるとシナリオができあがっているわけですから）、相手に足元をすくわれるようなリスクも少なくなります。

イメージをするということは、感情を沸き立たせることもできるので、本番に近い状態で挑めるということになります。

例えば、自分が折衝する相手が場慣れした手強い相手であった場合、事前準備をせずに挑んでいくのが無謀であることは誰もがわかることでしょう。若手レスラーが、日頃からしっかりとしたトレーニングを重ねずにトップクラスのプロレスラーに挑んでいくようなものです。当然のことながら苦戦するでしょう。

「脳は現実と想像の区別がつかない」と脳科学でも証明されています。自分にとって良いイメージを繰り返し持つことで自信や自己肯定感を積み重ね、イメージ通りの自分に近づいていくことができるのです。

自由にイメージを作り出すことは圧を上げるときだけでなく、なりたい自分になるためにも効果絶大です。

つまり、イメージというのは自分の怒りを自在にあげて行くための練習であり、また怒りを圧に適切に変換していくための心のメンテナンスであり、そしてブレなく目的にたどり着くための重要な戦術であるとも言えるのです。

プレッシャー・ディレクションの5段階要素

繰り返しますが、本書でお伝えしているプレッシャー・ディレクション（圧の演出）は、自分の内側から起こる感情の昂ぶりを交渉、行動エネルギーに変えるものです。

プレッシャー・ディレクションの原動力となるのは「怒り」「憤り」ですが、怒りをぶつけて相手をいたずらに傷つけたり、相手を打ち負かして優越感に浸ったり、ストレスを解消するのが目的ではありません。

あくまでも、相手に自分の意志や会話の意図を適切に伝えるために必要な空気・雰囲気を作り出すことが目的です。言い方を変えると、真剣な会話のやりとりをするための、緊張感を生み出すためのテクニックです。

お互いに相手の真意を、真剣にくみ取ろうとする場には、適度な緊張感が漂っているものです。その中で会話し、理解しあうからこそ、「昨日の敵は今日の友」ならぬ、本当の意味での信頼関係を築くことができるのです。

怒りや憤りを原動力にするというと、こんなことを言う人がいます。

「……ってことは、キレたらいいんですよね」

「要するにケンカするわけでしょ」

まったく違う。そうではありません。

単に怒って暴れまわる相手と、対等で真剣な話し合いをしたいと思いますか？　白黒はっきりつけたいだけのぶつかりあいなど、疲弊はしても、何も残しません。きっとすべての人が、無用な戦いなどしたいとは思わないでしょう。

ですので、プレッシャー・ディレクションをする際に大切なのは、正しい目的と目的を達成するために必要な順序を守っていくことなのです。

大きく分けると、プレッシャー・ディレクションは5つの段階に沿って進めていきます。

例えば、目の前にいた人物から不本意な扱いを受け、怒りを感じ、自分への扱いを変えてほしいと思ったとします。

その際、すぐさま怒鳴ったり、攻撃したりしたくなるかもしれませんが、次の5段階を守らないと目的は達成できません。

【第1段階】感情を切り替える（スタートアップ）
【第2段階】受けの状態を作り出す（ポジショニング）
【第3段階】相手の解説を観察する（性格分析）
【第4段階】質問を繰り返して掘り下げる（情報開示）
【第5段階】「思い」を理解してもらう（クロージング）

この5段階を、より具体的にお話します。

第1段階・感情を切り替える（スタートアップ）

何をもって不本意な扱いを受けたと感じるかは、人によって異なります。ただ、どういう原因であっても、結果的に自分の中に怒りや憤りがこみあげてくるわけですから、スタート地点での感情はネガティブな感情であるはずです。

ネガティブな感情はネガティブな体験から生まれてくるもの。ということは、ここで行動を間違えると、単なるケンカ——ネガティブな言動や行動で終わってしまうことになります。

この第1段階で大事なポイントは2つあります。ひとつは原動力となる怒りの感情と少し距離を置くこと。もうひとつは交渉の目標到達地点を決めることです。

ひとつめの怒りの感情と距離を置くというのは、被害者感情に浸らず、ネガティブな感情を一旦、完全に切ってしまうということです。

例えばこのような方法があります。

・わざとネガティブな出来事について、考えない時間を過ごす（「明日、改めて考えよう」などリミットを決める）。私の場合たいてい昼寝をします。
・ノートに書きこんで、何について怒りを感じたかを客観視する。
・第三者に話を聞いてもらって一度吐き出してしまう。

そうやってネガティブ感情から一度離れて、起きた出来事を客観視する。そして自分が何に対して不満を感じたかを、感覚ではなく理屈で理解する冷静な時間をとることです。

プレッシャー・ディレクションは、怒りをぶつけて相手をやりこめる方法ではありませんので、冷静な頭で圧を調整することが何より大事です。怒りに飲まれてしまっては、うまくいくものもいかなくなってしまうので、ここはとても肝になるところです。

もうひとつの交渉の目標到達地点を決めるというのは、つまり相手がどのような考えに変化し、どのように自分と向き合ってくれるようになれば目的達成になるのかを決めることです。

例えば、怒りに飲み込まれた状態であると、

「何がどうあっても相手に土下座をさせるまで終わらない」

などと暴走しがちです。

でもここでは、自分のネガティブな感情とは完全に切り離された、「私以外に同じ目に合う人をなくしたい」などの、社会貢献を尽くすという目的を忘れないことが大事なのです。

したがって、感情を完全に制する第1段階から第2段階に移るまでには、少なくとも数時間、または数十時間（1、2日）程度のタイムラグが発生してきます。

このプロセスを経ず、瞬間的な反応で議論の応酬をしてしまうのは大変危険ですので、気を付けたいところです。先手を打つことはとても大事なことですが、先に手を出せばいいということではなく、あくまで根回しをしてから事に臨むことが大事なのです。

第1段階ではまず感情をコントロールすることに力を注ぎましょう。

第2段階・受けの状態を作り出す（ポジショニング）

第2段階から、ようやくアクションに移ることになります。

すでに第1段階でクールな頭脳に切り替わっており、場を冷静に見据えることができる状態になっています。ここで再び激昂状態に揺り戻す必要はありません。

むしろ、相手がどう出てくるのか、何を言ってくるのかを確認するために、あえて静かに「聴く」というアクションに集中していきます。受けの状態です。

格闘技を見ると試合開始間もなく、相手の出方をうかがうために、お互いに適度な間合いをとって相手の出方を探る展開が多くあります（中にはいきなりゴングと同時に仕掛ける戦略もありますが）。それと同じようなイメージです。

自分から言葉を発して攻撃していくことは簡単です。しかし、ここで演出したいのは、「この人は、いま何を考えているのだろうか？」という違和感。例えば、先ほどの例のように、一点だけをじっと見て何も言わないなどです。

人間は違和感があるものに直面すると、いやおうなく緊張感を発します。いつもと違う状況に陥ることで不安を感じるわけです。

不安の正体がわからないと、対策をとろうとし始めます。不安感を払しょくするために、アクションを起こすことで不安解消につながる答えを得ようとするのです。逆に違和感を放っている人間がいたら、こちらとしても注意しなくてはいけません。

相手の不安をあおるというと語弊がありますが、「自分＝違和感を生み出す側」「相手＝違和感を解消したがる側」というポジショニングができると理想的です。

このとき、精神的に今後の展開を楽しもうとする余裕が自分の中に生まれてきていれば、精神的に振り回される可能性が減るのでベストでしょう。

第3段階・相手の解説を観察する（性格分析）

相手が不安払しょくのためにアクションを始めると、その様子をよく観察してください。往々にして、相手は次のようなアクションをしかけてきます。

A・とにかくよくしゃべり、論理的に自分を肯定したり、取り繕おうとする
B・固まって動けなくなり、頭の中で自問自答を繰り返す（もしくは完全に頭は真っ白になってフリーズしてしまっている）
C・その場から逃げ出そうとする

Aのタイプの場合は、その場の雰囲気を何とかしなくてはいけないという気持ちにかられ、口数が多くなっていきます。
また理路整然とロジックを並べてくるので、同じペースで応対してしまうと相手のペースにからめとられたり、揚げ足をとられることになります。

ロジックを崩しながら、さらに焦りを感じさせるようにするには、まだここでもカウンター態勢を崩さないこと。相手を揺さぶるジャブを繰り出しつづけるわけです。例えば次のような方法があります。

・声は喉から出すのではなく、腹から低く出すイメージ。高い声でも構わない
・言葉を文章化（センテンス）にせず、単語（キーワード）だけで発射する
・言葉を文章化する必要があるときは、結論から先に言い、明確な質問形式で相手に返す（語尾をなるべくクエスチョン形式にする）
・言葉のスピードはまくしたてず、ゆっくりと返す
・語尾には注意する
・相手に言葉を返す前に、言葉を選ぶようなしぐさを入れながら、5〜10秒ほどの間を作る
・怒りをぶつけるのではなく、本気度を伝えようという意識を持つ

実はこれも、違和感を生み出すためのテクニックです。これで相手のペース

がさらに崩れると、相手のロジックは崩壊してしまいます。

例えるなら、スポーツ選手が、試合に勝つための作戦をすべて封じ込められた状態になり、「このままでは負けてしまう」と冷や汗をかく状況です。ここで違和感が焦燥感に変わるのです。

ここまで相手のメンタルを崩せると、目的達成の可能性はかなり高くなっていると考えていいでしょう。


やっかいなのは、Bのフリーズ状態とCの相手が逃げ出そうとする状態です。

Bの場合はそのままでは話が進みませんので、相手の上の立場の人にバトンタッチしてもらうように促します。会社で言えば上長に当たる立場の人です。そしてまた第2段階から進めなおします。

Cの場合でよくあるのが、部下などに対応を任せるなどして、その場を離れようとすることです。

一度離れてしまうと、もう二度と交渉のテーブルに着いてくれることはないでしょうから、逃がさないための方法が必要です。

第4段階・質問を繰り返して掘り下げる（情報開示）

第1段階から第3段階までを準備段階としたら、いよいよこの第4段階からが本番と言っても過言ではありません。

大事なのは、はっきりと目標到達地点を明確にすることです。問題を解決するためには、相手側に「この問題について、はっきりとした解決を求める」というメッセージを送るのです。

このときの目標到達地点は、第1段階で設定したものと同じですので、ここで変える必要がないよう、第1段階でしっかりと自分の中で目標到達地点を決めておくことが大事です。

もうひとつ、目的を達成するために自分が言葉を発する側に回るので、ここで言葉選びを間違えないようにすること。言葉を間違えただけで、単なるクレーマーやパワハラになってしまいかねませんし、場合によっては恫喝《どうかつ》になってしまいます。

ポイントは「この点がまだ理解できない。この点をわかるまで説明してほしい」と繰り返すことです。

第4段階はあくまで説明を求めているのであって、文句を言っているわけではありません。ニュアンスがまるで違うのです。

最終的に「実はこうすればよかったのではないか?」と、提案で終わらせることにも注意してください。

要求ではなく提案にする理由はただひとつ。要求は過度になると威圧になりかねないからです。あくまで建設的な提案という形でフィニッシュです。

相手がその提案を受け入れることができれば問題解決になりますし、受け入れなければまた第4段落をひたすら繰り返すのです。

第5段階・「思い」を理解してもらう（クロージング）

第4段階の最後で、相手が自分の提案を納得して受け入れたならば、プレッシャー・ディレクションは100％完了していることになります。

しかし、100％ではなく、120％、いえ、150％の可能性すら目指せるのがプレッシャー・ディレクションの意義深いところです。

150％といっても、欲をかいて見返りを求めようとすることではありません。なぜ自分がこの提案をするに行きついたか、相手に自分の「思い」を理解してもらうのです。

「自分と同じように困る人が出てこないようになってほしい」
「自分が大切にしている相手だからこそわかってほしかった」

このように、こちらのメリットだけではなく、相手にとってもメリットを感じることができる「思い」をクロージング・トークの際に伝えるのです。

相手からすると、「自分のためを思って、このように嫌な思いをしながらも打ち明けてくれた」と感じるのではないでしょうか。また、「ここまで言ってくれる相手は、そうそういない」と思う人も出てくるでしょう。

そうすると、次に会うときには、自分に対する信用がかなり高い状態で会ってくれることになるので、どんな話を通すにもスムーズに進みやすいのです。場合によっては、ことあるごとに「気づいたことはありますか？　あればぜひ教えてください」と助言を求めてくるかもしれません。

このような関係性が構築できれば、プレッシャー・ディレクションは大成功と言えるわけです。

むしろこのようなマイナスな感情から生まれた何かから、真反対であるスーパープラスな関係性を築くことになることこそがプレッシャー・ディレクションの真髄《しんずい》です。

単なる交渉術やメンタル・コントロール術、アンガー・マネジメントなどと、プレッシャー・ディレクションが異なるのはこの点なのです。

見た目に覚悟が現れているか

「拡張自我」という言葉があります。

自分の持ち物、身に付けた物までが自分自身と考えるというものです。

だから、人間いくら気を引き締めても、外見がパッとしないと引き締めた気が相手に伝わっていきません。

極端な話ですが、パジャマ姿で寝ぐせだらけの人が「俺は覚悟を決めて前に突き進むんだ」と言ってもまるで説得力がありません。

怒りから圧を高めていき、それが相手の目に見えるようになるためには、外見という要素も大事です。

勘違いしてはいけないのですが、「怒り」「圧」などのキーワードに引っ張られて、「要はいかめしい格好をしたらいいのだ」と考えてしまうのはNGです。もちろん、それが自分なりのおしゃれであれば話は別ですが、身なりの怖さで相手より上位に立てるなんてことはないのです。

では、覚悟を持ったその気持ちが伝わりやすい身なりとはどういうものでしょうか。

結論から言うと礼節を失わない、きちんとした身なりにするということ。当然と言えば当然なのですが、自分がどれだけ正論を吐こうと、相手が「この人には説得力がない」と感じてしまっては元も子もありません。

一般のビジネスシーンなどでは身なりの大切さが何度も言われているのも、「この人の話を聞いてみよう」というように、自分の印象を下げないためです。

プレッシャー・ディレクションの目的は、あくまで相手と理解し合い、共通の問題を解決して、より深く付き合えるようになることです。そのためにしっかりとした印象に見せることも、相手を自分の土俵に引き入れていく方法の一つなのです。
　見た目の印象はその人の人間的成熟度、ひいては内面の良し悪しまでをも判断される材料になります。実際に仕事ができる人は、おおよそ身なりをきちんとしており、そればかりではなく、言動もしっかりしているという共通点があるものなのです。

　ちなみに、有名な心理法則にメラビアンの法則というものがあります。見た目だけで全体の印象の55％に影響するという法則です。
　メラビアンの法則によると、話の内容が7％、声の大きさや高さによる印象が38％、そして見た目が55％、併せて１００％の印象を構成すると考えられています。

　逆を言えば、影響力の高い割合を占める見た目がダメだと、どれだけ正論であろうが、どれだけ低い声を出して大物感を演出しようが相手からすると「この人の話は聞いておかなければ」と思われる割合は半分を切ってしまうわけです。

話す予定の内容が重要であればあるほど、相手に対して礼やマナーを失することのない身なりをしておくことが、プレッシャー・ディレクションを有利に働かせるために必要なことになってくるのです。

また、仕草についても同様です。どれだけきちんとした話であっても、机の上に足を投げ出したり、クチャクチャとガムを食べながら話す人の言うことを、まともに聞こうとは思わないでしょう。

これは心理学でハロー効果と呼ばれている法則です。

ハロー効果では、ある一部の特徴で好印象を持たせることができると、ほかの部分もいい印象に見えるということです。逆に、一部の印象が悪くなれば、他のことも悪くなる……つまり、一部の印象で失敗すると話の中身すべてが悪い印象になってしまうのです。

繰り返しますが、プレッシャー・ディレクションは、相手を単に威嚇するための方法ではありません。したがって威嚇の言動などは一切いらないのです。身なりや仕草のことを話すと、ここを勘違いしてしまい、単なるチンピラのクレーマーに成り下がってしまう人がいるので特に注意を。

名刺を交換するならば、きちんとした名刺マナーをもって交換する。そのうえで、違和感を作り出すようにしていくのです。

これらのことを総合的に考え、自分の印象コントロールがきちんとできているか、次のチェックボックスでチェックしてみてください。

□　男性は、スーツやジャケット、シャツにしわや汚れがない
□　女性のスカート着用時は、立った時に膝が隠れる程度のスカート丈にする（長すぎず短すぎず）
□　時計や靴など、小物に傷や汚れがない。丁寧に扱っている

□ 小物は高すぎなくてもいいが、ワンランク上の質のいいものを意識する
□ バッグの中が整理整頓されている
□ 髪やひげが野放図にのびたままになっていない
□ 爪に清潔感をもたらすよう切りそろえている
□ 靴に汚れや傷がついていない
□ ネクタイが曲がったり、シワになっていない

私は、見た目は丸ごと自分の仕事道具であると考えています。時計ひとつとっても、それなりの格を感じさせるものをつけておかないと、良い印象は与えられません。

アウトドアなどで高級腕時計をしてもあまり意味はありませんが、ビジネスの場で、しかも人を相手にする場合は見た目がその人の裏事情を想像する材料になるのです。

不動産業者など高額なものを扱う業者が、それなりのモノを身に着けていないと「この人は、自分自身にお金がないんじゃないか。売り焦っていたりする

んじゃないか」と足元を見られる要因にもなります。

また、小物を扱うときは、堂に入った、丁寧な扱い方ができるよう、日頃から体になじませておいたほうがいいでしょう。モノを取り扱う指の動きがぎこちないと、にわか仕込みだと思われてしまうから。「この小物はずっと使っている（板についた使い方をしている）」ということを匂わせておくのです。

小物だけでなく経験においても同様で、一流の経験に触れていくことで、一流の堂の入り方ができるようになります。一流ホテルに泊まる、一流の車に乗る（レンタカーでもいいので）。こういうことを経験して、自分を磨くうち、高級品も使いこなせているようになってゆくのです。

大物らしく振舞っていけ

プッシャー・ディレクションを成功させるために、空気感や雰囲気をどう作っていくか、また、いかに違和感を作り相手を自分の土俵に上げてくかが大事だということはすでに述べました。

料理をするとき、丁寧な下ごしらえをすると仕上がりが違ってくるように、プレッシャー・ディレクションの具体的な手順や手法というのは、そうした下ごしらえの上に初めて成り立つものです。

下ごしらえに加えて、プレッシャー・ディレクションをさらに有効にしていくためのいくつかの技がありますので、ここでご紹介しましょう。

まずは大物感の演出です。

当たり前の話ですが、大企業に勤めている一平社員が、企業トップに対して、おいそれと意見をいうことは難しいでしょう。なぜ難しいのか。当然ですが立場が違うからです。

下の立場の人間が上の立場に物を言うときは、ヘタをすると自分自身の査定や考課にも影響が出てしまいかねません。上の立場の人にものを言うというのは、下の立場からすると大変な勇気が必要になってくるのです。

プレッシャー・ディレクションを行う相手が自分の上司や目上の人物とは限りませんが、水が上から下に流れていくように、力関係というものもまた上流に位置するほうが有利になっていくのです。

つまり、相手から見て、「この人物は自分よりも、とても大きな人物だ」と錯覚を起こさせることが重要です。

勘違いしていただきたくないのが、大きく見せると言っても、偉そうに振舞えと言っているのではありません。ましてや相手を見下して、軽んじて話すということでもありません。

大物感を演出するというのは、あくまで最終的に相手が自分に対して敬意を持ってもらえるように、器の大きい人物を演じるということなのです。

　では具体的にどうすればいいのか。

　方法はいたってシンプル。

　作った違和感による緊張状態を崩さないようにするだけ。そのために、あまり細々と動き回ったり、あちこちに視線を散らばしたり、高い声で話したり、饒舌になると言った行動を、意図的にセーブしていく必要があります。

　映画やドラマで見たことがあるかもしれませんが、アメリカの大統領役や日本の総理大臣役、また大企業のトップの薬など、社会的に重要な地位にいる人物を俳優が演じるときは、基本的にあまり動かずどっしりと構えているということが基本になります。

　一方で、組織の下っ端にいる立場の人物を演じるときは、必要以上にソワソワしたり、不安がったりを演出します。

これはあくまで「表現」の話ですので、本当に自分がそのように大物だと思い込む必要はありません。極端な話をすると、「動かず何もしない」という意識でいるぐらいでも十分でしょう。

父がよく言っていた言葉である「沈黙は金、雄弁は銀」というのもその一つでしょう。

次に大物感が出ない、小物の行動パターンを掲載してみます。

・貧乏ゆすりをする
・しきりに手や足を組み替える
・甲高い声で速いスピードで喋る
・相手の言葉に間髪入れず返してしまう
・手癖がある
・背中が丸まっている
・視線が相手に定まらず動き回る

どうでしょうか。振り返ってみると案外、自分で自分を小さくしていることに気付く人も少なくないのではないでしょうか。

しかし、プレッシャー・ディレクションを有効に使いたい場合は、この小物の行動パターンと逆のことをするだけで良い印象を与えることができるので、参考にしてみると良いかも知れません。

第4章

覚悟を決めると楽になる

解決のための答えはすでに持っている

問題が起きる。その問題を解決する。

私はその問題の答えがあるのは、常に自分の中だと考えます。困難なことが目の前に出てきても、私はプレッシャー・ディレクションで問題解決できることを知っていますので、戸惑ったりあたふたすることはあまりありません。

困難であればあるほど、むしろ私は「やってやろうじゃないか」と、すごくやる気が沸いてくるのです。このとき、全身にエネルギーが満ちている感じがして、武者震《むしゃぶる》いさえ起こします。

自分の中にある答えといっても、天才発明家のようにさまざまなアイデアが浮かんでくるわけではありません。私の場合はビジョンといいますか、結果にたどりついたイメージがありありと浮かんでくるのです。

そのイメージは常に問題を誰かと共有し、「解決する」という同じ目的を持ち、自分以外の誰かのために役立っているというイメージです。解決のためのプロセスやフローが頭の中に思い描かれるのです。

私が行動するのは、このイメージをたどっているとも言えます。大げさに言うと、頭の中で勝手に予知し、予知が実現するように動いているだけなのです。または、成功しているイメージ（シナリオ）に沿って、演技をしているだけだとも言えます。

実は、私の答えはこれただひとつしかありません。

よく、ビジネスの現場で、「最悪のケースを想定した答えを持ちなさい」と言われているのを聞きます。

しかし私はあまりこれをお勧めする気にはなれません。

失敗したときのケースを想像すると、そのイメージに引っ張られ、無意識のうちに失敗に向かうシナリオを演じてしまうことになるからです。私が「今回はうまくいかなかったな」と反省するときは、この失敗パターンに陥《おちい》ることが大半でした。

またイメージも、強く思い描けないと実現の可能性は低くなってしまいます。強く思い描くと、脳に「迷うな。こう動きなさい」と強く指示していることになり、成功確率が上がります。

もしイメージが薄いと「いろいろなやり方があるけど……まあとりあえずは、こういう感じでやってみてもいいかな」などと、曖昧な指示になってしまいます。上司から指示を受けるとき、曖昧な指示だと困惑してしまうように脳もハッキリと「こうしろ」と言われたほうが動きやすくなるのです。

だから私はある程度、強く思い描けるまでは動かないようにしています。

実際にうまくいった例をお話しします。

あるご縁がもとになり、沖縄県の南城市に光ケーブルをつなぐお手伝いをしたことがありました。

そこは立地的にさまざまな問題があり、簡単な話ではありませんでした。国内外から通信関連の専門家が集まり、ああでもない、こうでもないと知恵を絞りましたが、なかなかケーブルがスムーズにひけるいいアイデアが出てきませんでした。

最初、私もその輪の中に加わり一緒に考えようとしましたが、「プロでも無理なのに素人に考えられるわけがない」と手伝うに至りませんでした。

灯台下暗しではありませんが、奇想天外なアイデアというのは意外なところから出てくるものです。既成概念や前例にとらわれすぎていると、視野が狭くなり、思い切ったアイデアが出てこなくなるのです。

その意味で私は技術的には素人でしたので、前例など関係のないアイデアを閃《ひらめ》きました。でも問題はここからです。どうやってプロの皆さんを説得するか。

子供のお使いではありませんので「思い付きました。聞いてください」では、皆さんの時間を消耗するだけです。大体のアイデアが、未完成の「原材料」のまま提案されるので、ボロがでて前に数まないということも経験から知っていました。

そこで私は、入口から出口まで一貫したストーリーイメージを作り上げたのです。そのイメージを、人に伝えて巻き込むことができるレベルにまで昇華させるのに半年ほどかかりましたが、急がば回れとはまさにこのこと。

相手がそうせざるを得ない状況のシナリオを作りこむほど「これは間違いなく成功する」という強い確信が生まれました。結果として皆が同じ結果、同じプロセスを共有でき、問題は解決したのでした。

裸の相手を想像する

人間にとって立場や階級というものは、集団活動や組織活動をするうえで欠かせない構造要素のひとつです。

会社で「社長も専務も部長も課長も、みんな権限や責任は同じです」と言われたら、たいていの会社が機能不全に陥るでしょう。特殊なポリシーを持って活動している以外、一般的には立場や階級によって組織構造が生まれ、命令系統が機能しています。

人が肩書というものを意識するのは、こうした構造が脳に刷り込まれ「自分より立場が上（だと思える）人には従うべきだ」という考え方が固定してしまうからです。

例えば、ある会社の営業部課長が取引先の専務と対面したとき、肩書があるとこんなふうに考えやすくなってしまいます。

「取引先の専務との対面か。緊張するな」

↓

「自分は課長職なので、社会的には相手の立場が上だ」

↓

「しかも取引先なので、こちらが頭を下げる立場にある」
←「とにかく失礼がないように気を付けよう」
←「あれ、話を聞いているとなんだかおかしいぞ」
←「先日合意した取引条件とは、話が違う気がする……」
←「でも指摘しにくいし、反対したら取引が消えるかもしれない」
←「ここは自分が折れるしかなさそうだ……」

また、実利が伴わない相手――例えば、政治家など社会的地位が高い人でも同様のことが起きる可能性があります。

「テレビでよく見る○○党の代議士だ」
←
「日本の政治の中枢で動いている人だから、自分よりは偉いんだろう」
←
「なんだか、オーラがあるような気がする」
←
「日本を動かしているこの人に比べると、自分はちっぽけだ」
←
「自分がモノを言える相手ではないので、意見があっても黙っていよう」
←
「……先生のおっしゃる通りだと思います」

話の流れを見てどうでしょうか。よろしくない、と思いませんか？

取引先の専務との話のズレが、両社にとんでもない被害をもたらす可能性があるものだとしても、それでも立場の違いを気にして黙っているのでしょうか。大衆目線で意見したことが、実はすごくいい政策の種になるかもしれないのに、それでも黙っているのでしょうか。

考えてみてください。

もし、自分が動かなかったり、意見を言わないことで、自分以外の誰かが困ってしまうようなことがあったとき、どんな心境になるでしょう。

私だったら、とてもいたたまれなくなります。「なんであのとき、意見を言わなかったんだ」と自分を責めるでしょう。

ですから私は腹を据えて、自分が言うべきだと思ったことは、きちんと相手に届けるのです。

こういうとき私は裸の相手を想像します。誤解なきように補足しますが、本当に裸を想像しているのではなく、肩書や立場といった情報を自分の中から外してしまうのです。相手の拡張自我を最小限にする意味もあります。

昔でいう、裸同士の（裸同士で風呂に入るような）付き合いというものです。

人間、あらゆるものをとっぱらってしまったらどんな人でも同じです。顔かたちが多少違うことはあっても人間は人間。同じたったひとつの命を持って生まれてきたものです。

裸一貫で付き合うからといって、いたずらに慣れ合うということではありません。筋を通すべきところはピシリと筋を通す。これも大事です。

このとき、筋を通すために、自分でストーリーを創作してしまうようなことがあってはいけません。それは相手を騙そうとしていることと同じであり、裸の付き合いとは程遠くなるからです。

本質は事実にしかないのです。もしストーリーを作って話をしてしまうと、相手が振ってくるいろいろな話（言い訳やごまかし）に対して、自分の意見が流されてしまうことがあります。

事実は決して変わらないので、「いろんな話をしているけれども、事実はこうだよね」と、ブレることなく話の核心を見据えることができるのです。

事実や本質に対してまで、相手は言い訳をすることはできません。

ただし、相手が自分の話に耳を傾け、本質を理解し、改善しようとするとき、やってはいけないことがあります。

相手に完璧さを求めることです。

ミスをしてそれを取り返すことは大事ですが、ゴールに完璧さを求めると、逆に相手が委縮してしまいます。完璧であれば理想ですが、人間は誰しもが完璧ではないのですから。

逃げるときは逃げきれ

プレッシャー・ディレクションを用いながら、人と向き合うとき、決して向き合ってはいけない相手が2種類存在します。

ひとつは詐欺師。先に書いたように、詐欺師は自分の利益だけを最優先に考え、それ以外の目的を持ちません。言い換えれば、目の前にいる相手は、人間ではなく自分が利益を上げていくための道具にしか過ぎないのです。

また詐欺師の特徴のひとつに、自分至上主義があります。また自分の欲を満たすことが、どんな法律や倫理、道徳よりも上位にあるので、「これはダメだろう」という認識が完全に常人とはかけ離れてしまっているのです。

ですので、ためらいなく人を騙します。

加えて、自分のリスクヘッジのためには、あらゆる予防線を張ってきます。弁護士並みに法律を勉強していたり、逮捕されないための抜け道や警察や検察と話をするときの心理状態の保ち方まで、にわかには信じられないほどの保身力を発揮するのです。

一方で詐欺師は、相手の出方を巧みに利用する術に長けています。強く出ようとする相手に対しての出方、黙っている相手への出方など、罠を何重にも張り巡らし、相手の力をうまく利用する技術を持っているのです。

その道のプロでない限り簡単には論破できませんし、逆に弱みを見つけられると付け入られることになってしまいます。逆に詐欺師から見て、こちらが危険な相手だとわかったら、あっという間に目の前から姿を消してしまいます。

つまり、のれんに腕押しで何をやっても響くことがないのです。

決して向き合ってはいけない相手のもうひとつは、猟奇的な感情を持っている相手です。

例えば、人の痛がる姿を見て喜んだり、相手を叩きのめすことが快楽になっていたり、また異常な情緒不安定でいつ暴力に走るかわからない相手などです。

これらの場合は、決してプレッシャー・ディレクションを用いようなどと思ってはいけません。すぐに逃げ出すのが賢明です。

この種類の人物は、こちらを相手の棲み処である底なし沼に引きずり込もうとします。つまり、土俵という概念がないので、同じ土俵に上がるということ自体が実現不可能なのです。

逃げるが勝ちというように、闘ってはいけない相手もいるということをよく理解しておくべきです。

成功体験を積み重ねよう

人は何か新しいことに挑戦し、失敗することで学びを得られる生き物です。プレッシャー・ディレクションも、最初のうちは失敗だってあるかもしれません。しかし、失敗の中にも手ごたえがあったことや効果を感じたことなど、次のように、ひとつふたつは何か成功しているものもあるはずです。

「結果からすると思った通りにはならなかったけど、でもあの発言は効いたみたいだ」

プレッシャー・ディレクションを成熟させ、圧の使い手になるためには、この小さな成功体験を決して見逃さないことです。つまり、一回でドカンと大きな成功を手に入れようとするのではなく、小さな成功を積み重ねて、大きな成功を形作るようなイメージを持っていくべきなのです。

成功体験はモチベーションの継続に大きな力を発揮します。大きな成功だけを狙っていると、慣れないうちは失敗の数のほうが増えてしまいます。このときモチベーションは下がり、心は折れて、次からやはり今まで通り我慢していたほうが楽だと考えやすいのです。

ほんのちょっとした成功の積み重ねは、モチベーションの維持だけでなく、自信ももたらしてくれます。小さな成功で身に着く自信は確かに小さなものでしかありませんが、その自信が積み重なり、やがて大きな山のような自信になっていくものです。

自信がついてくると、怒りによる推進力をよりコントロールしやすくなり、成功率も上がってきます。成功率が上がれば、周囲から頼られる存在になるでしょうし、注目されることによって存在感も上がってきます。つまり、場の雰囲気に影響を与えやすい人物となっていけるのです。

また、自然に気持ちにも余裕が生まれ、大物感もどんどん増していくはずです。

新しいことにチャレンジして挫折してしまう人のほとんどは「うまくいかないからやっぱりやめた。自分には向いていない」と挑戦そのものを放棄してしまいます。

継続は力なりという言葉を私なりに言い換えると、「成功の積み重ねが圧と覚悟の純度なり」と言えるでしょう。

もうひとつ大事なのは、誰かと自分を比較しないことです。比較したい場合は、過去の自分との比較にすべきです。

今までの自分では成しえなかったことに挑み、成功体験を重ね、新しい自分に変身していくことにフォーカスをあてるのです。

失敗にばかり気を取られてしまい、自分に自信を持つことができない人は、常に自分以外の誰かに原因を見出そうとしてしまいます。また、自分と自分より劣る誰かを比べることで、今いる場所に安心感を抱いてしまうのです。つまり、自己肯定感が低いところで満足してしまっているのです。

こうなると、成長要素がひとつもないばかりか、プレッシャー・ディレクションをつかっても説得力は皆無でしょう。

成功体験の多い人はいつも自分の中にだけ比較対象を持っています。

「昔は、こんなことはできなかった。でも今なら、これもあれもできる！ 自分は以前の自分よりも成長しているし、強くなれている！」

健全な精神が健全な肉体に宿ることと同じように、健全な覚悟は健全な成長にのみ宿るのです。

また成功体験は、勝ち癖につながります。何事においても失敗したり、誰かの後塵を拝していると「負け癖がついた」と言ったりします。その逆ですね。常に勝つことを当たり前の状態にし、勝者のメンタリティを身に着けると、挑戦意欲がどんどん沸き上がってくるはずです。

怒りは優しさに通じる

高校時代の仲間たちもそうですが、人は見かけによらないものです。

私も本書のプロフィール写真にあるように、少々コワモテの風貌で登場していますが、見かけによらず優しいといわれることがあります（本当ですよ。普段はあまりサングラスはしません、笑）。

もちろん、見かけどおりに本当に怖い人も中にはいますので全員が全員、見かけとは違うとは言い切れませんが、やはり人間、中身を見ていかないと何もわからないものです。

私はトレーニングジム経営にも携わっている兼ね合いで、多くのアスリートと交流があります。特に多いのがプロレスラー。本書の中でも、いくつかプロレスラーとの関わりを書いてきました。

最近では、あるアスリートから「凄みって、どうやって出せばいいんでしょうか？」と相談されることもあるなど、自分の経験やプレッシャー・ディレクションの方法をお伝えする機会もよくあります。

同時に父以外に強く影響を受けたのも、プロレスラーや格闘技系の方が多いのです。

元プロレスラーでプロモーターの前田日明《あきら》さん、プロレスラーの秋山準さん、元プロレスラーの小橋建太さん、アームレスラーでありパワーリフターでもある伊東祐和さんほか、大勢の方々に影響を受けてきました。プロレスラーだけでなく、実業界でも横浜のドンとも言うべき藤木幸夫・横浜港運協会会長といった方など、直接的にせよ間接的にせよ、多くの方から良い刺激をいただいてきました。

皆さん共通して感じるのは、

・怒りから圧を生み出していけていること
・その場にいると、目が離せないほどの存在感を持っていること
・一言一言に重みと凄みが宿っていること
・自分の進むべき道や役割に覚悟を持っていること
・世の中のために自分が何を成すべきかを知っていること

例えば、前田さんの主催されていたアマチュアの格闘技大会「THE　OUTSIDER」は、一般的な格闘技大会とは違い、刑務所や少年院に入ることになってしまった青年たちが、再び犯罪や暴力に手を染めないため、格闘技を通しての更生機会を提供しているという側面があります。

世の中には、怒りを自分でコントロールすることができず、キレてしまったり、自分を見失って暴発してしまい、本来歩むべきだった人生の道をそれてしまう人も大勢います。

「THE OUTSIDER」のように、不器用な感情や抱えている想いや熱量をぶつけられる場が存在するならば、そこは参加する面々にとって「自分を見つけ出す場所」でもあるのです。

格闘技はまさに目の前にある壁を打ち破るために、驚異的な集中力を要します。劣勢に立たされると「なにくそ、今に見ていろ」と、踏ん張っていく気力も沸いてきます。そして、そこで自分の限界を超えていくことも多いのです。

また格闘技には傷や怪我はつきものです。顔面はパンパンに腫れあがり、唇は切り裂かれ、鼻血がとまらない……。多くの選手はこうした傷を経験していきます。

それればかりか、選手生命をおびやかすような大怪我と立ち向かい、慢性的な古傷の痛みと付き合いながら、リングに上がる選手だって大勢います。それでも肉体的限界がきて、「もっと続けたかった」と心の中で叫びながら、涙をこらえながらリングを去ってしまった選手たちもいるでしょう。

彼らは人の痛みをいやというほど知っているのです。

ですから、自分の人生や向き合う相手に対して真剣になります。その真剣さこそが優しさの裏返しであり、対峙していて胸が熱くなるほどの「凄み」なのです。

格闘家の方々に覚悟を感じられるのは、彼らがこのような経験を豊富にお持ちになっているからなのでしょう。

本当の覚悟に気付けるとき

本書をお届けするにあたって、私が「どうしてもこれだけは書きたい」と思っていたことを最後に書き綴《つづ》ることにします。

この書籍の執筆中、私の親友と言える社長が急逝しました。彼も、一見コワモテで冗談交じりに「コワモテ協会」だ、などと言いながら仕事にしても、夢の実現にしても、社会貢献にしても、一緒にやっていこうと話していた、まさに心許せる親友でした。

ですが、本当に突然、私の姉と同じくらいの歳で、私の前から姿を消してしまったのです。

彼はかなりの店舗数を誇るサービス業の企業トップを務めていた人物ですが、以前に脳梗塞を患い、それ以来「夜眠れないことが多い」ということなど、不安を私にこぼしてくれたりしていました。

お互いにお人よし。困っている人がいたら、つい手を差し伸べてしまう癖も同じ。一緒にやりたいことは山のようにありました。

本書の表題である「覚悟を決めると楽になる」という言葉は、ずっと昔から、私が信じてきたことを一言に言いまとめた言葉です。

でも正直にお話しすると、彼が亡くなったとき、私は本当に弱く、崩れ落ちてしまいました。人生がまるで変ってしまったかのように、自信も覚悟もなくなってしまったのです。

「あれだけ強くてパワーがある人がこんなに脆いなんて。人は本当にいつか死ぬんだな……」

励ましのお言葉の中には「気を落とすな」とか「彼の分まで頑張れ」といった言葉もありましたが、そういった言葉は私の耳には届いてきませんでした。ただただ、自分の中で急速に風船がしぼんでいってしまうような、そんな感じがしていたのです。

「こんなんじゃ〝覚悟〟だの〝怒り〟だの、本を書けないよな」

そう考えて、筆を置こうとしたこともありました。

でも、私はあえて、自分の弱さも書くことで、読者の皆さんに次の言葉を語りかけたいという思いがありました。

「人間は強くない。むしろ、弱い生き物だ。だからこそ、守り合い、助け合い、手を取り合い、進んでいくべきなのだろう」

本書の冒頭から、怒りや圧、そして覚悟の終着点は、目の前にいる誰かと分かち合うことであると書いてきました。

親友がいなくなり、打ちひしがれていたとしても、私には守るべきものがあるのです。それは、今まだ私の周囲にいる、私を支えてくれる妻やほかの仲間たちです。

そして私は常日頃から思っていたことがあります。

人生がひとつの映画だとしたら、人間は自分の人生というストーリーを描いていく、シナリオライターなのではないかということをです。

彼はきっと、他の誰でも無い、彼自身のシナリオを、物語を、全力で生きたのではないかと。

だから彼に恥じないように私は、これから私なりの物語を懸命に生きていかなきゃいけないのではないかと。

そう考えたとき、彼の妹さんから電話をいただきました。その妹さんが私に言ってくれた言葉が脳裏をよぎりました。

「北井さんと出会えたのが兄にとって一番の宝でした」と。

ああ、そんな嬉しい言葉を私は貰ってしまったのかと。

それで思ったのです。

私は彼が私の物語を彩ってくれていたように、ひとりでも多くの人たちが分かり合い、強い絆で結ばれる世の中にしていきたいと。

みんながこれから人生を生きてゆく上で、仲間と呼べる人と嬉しく繋がれるような、そんな世界にしていきたいと。


だから皆さん、目の前のひとつひとつの出会いを大切にしてください。そして誠実に、本音で、接してください。

真摯に生きると、同じく真摯に生きる人が集まって来ます。魂で繋がれる人と出会えるようになっていきます。

それがあなたの物語を、強く勇気づけ、美しく奏でてくれる、大事な命のカケラみたいなものになっていくのです。


ではそれを伝えてゆくために、私がすべきことは?


私は、書こう。今、書こう。

できるときにやらなければいけないのだと。

悲しみはエネルギーを奪う。怒りはエネルギーを引き出す。私のエネルギーは空っぽになりました。ならば、怒れ!! 何に対して?

やるべきことを先延ばしにした自分に対して。

そうしたら、また覚悟が出てきたのです。

再び、ペンを手に取れるくらいに。

もちろん「強くあれ」というメッセージの裏腹に、こんなことを描くべきかどうか迷いました。

でも、北井もこんな弱い面もあるんだ。俺と一緒なんだな。じゃあ俺だって張ってやるぞ!

そんな風に思ってもらえればと、あえて書かせていただきました。

覚悟を決めると楽になる。

自分の中の、弱さも、強さも、そのまま受け入れて、怒れ!

それを思い出させてくれた橋田和己さん、ありがとう。

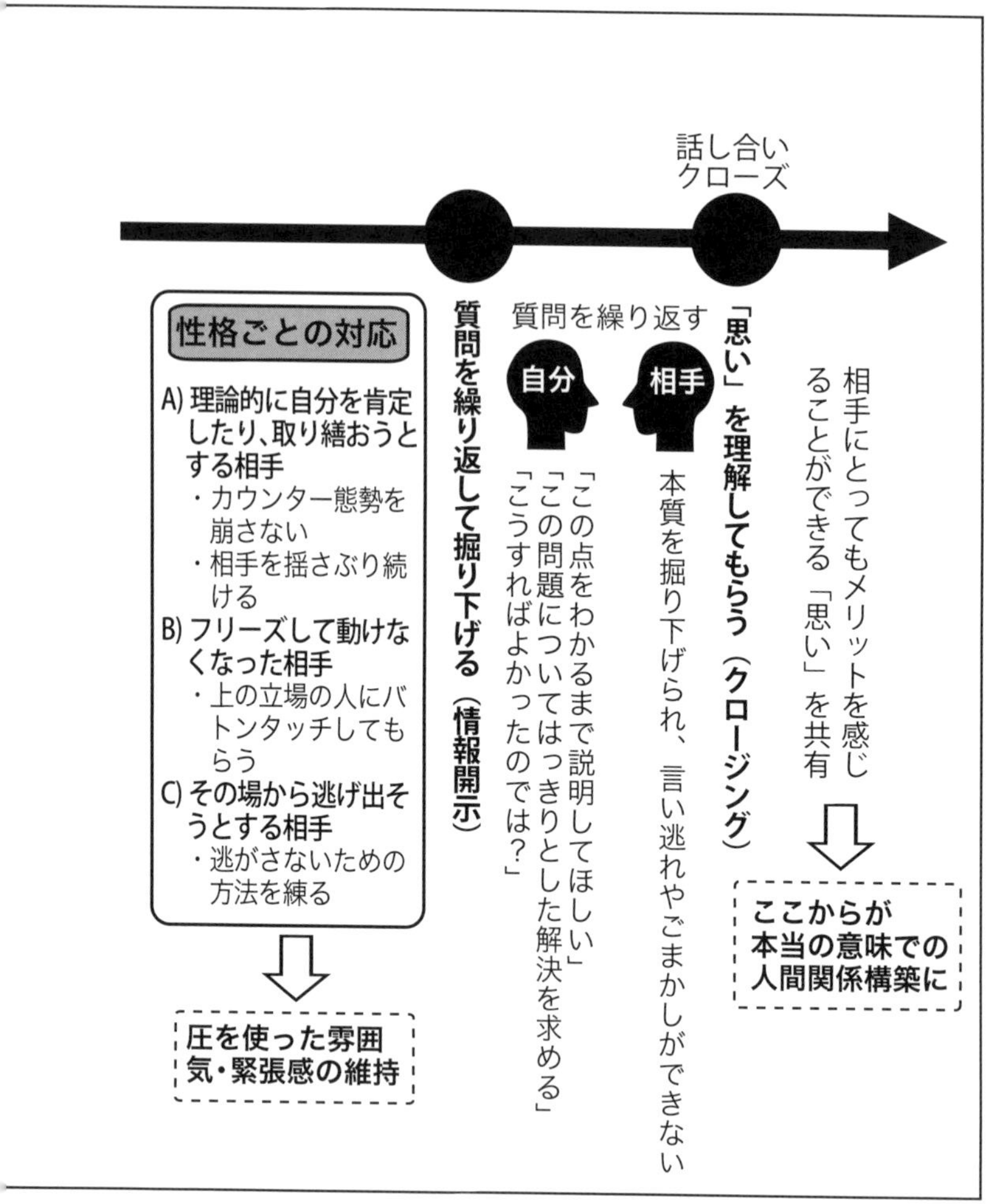

話し合い
クローズ
相手にとってもメリットを感じることができる「思い」を共有
ここからが
本当の意味での
人間関係構築に
「思い」を理解してもらう（クロージング）
質問を繰り返す
相手
自分
本質を掘り下げられ、言い逃れやごまかしができない
「この点をわかるまで説明してほしい」
「この問題についてははっきりとした解決を求める」
「こうすればよかったのでは？」
質問を繰り返して掘り下げる（情報開示）
性格ごとの対応
A) 理論的に自分を肯定したり、取り繕おうとする相手
・カウンター態勢を崩さない
・相手を揺さぶり続ける
B) フリーズして動けなくなった相手
・上の立場の人にバトンタッチしてもらう
C) その場から逃げ出そうとする相手
・逃がさないための方法を練る
圧を使った雰囲気・緊張感の維持

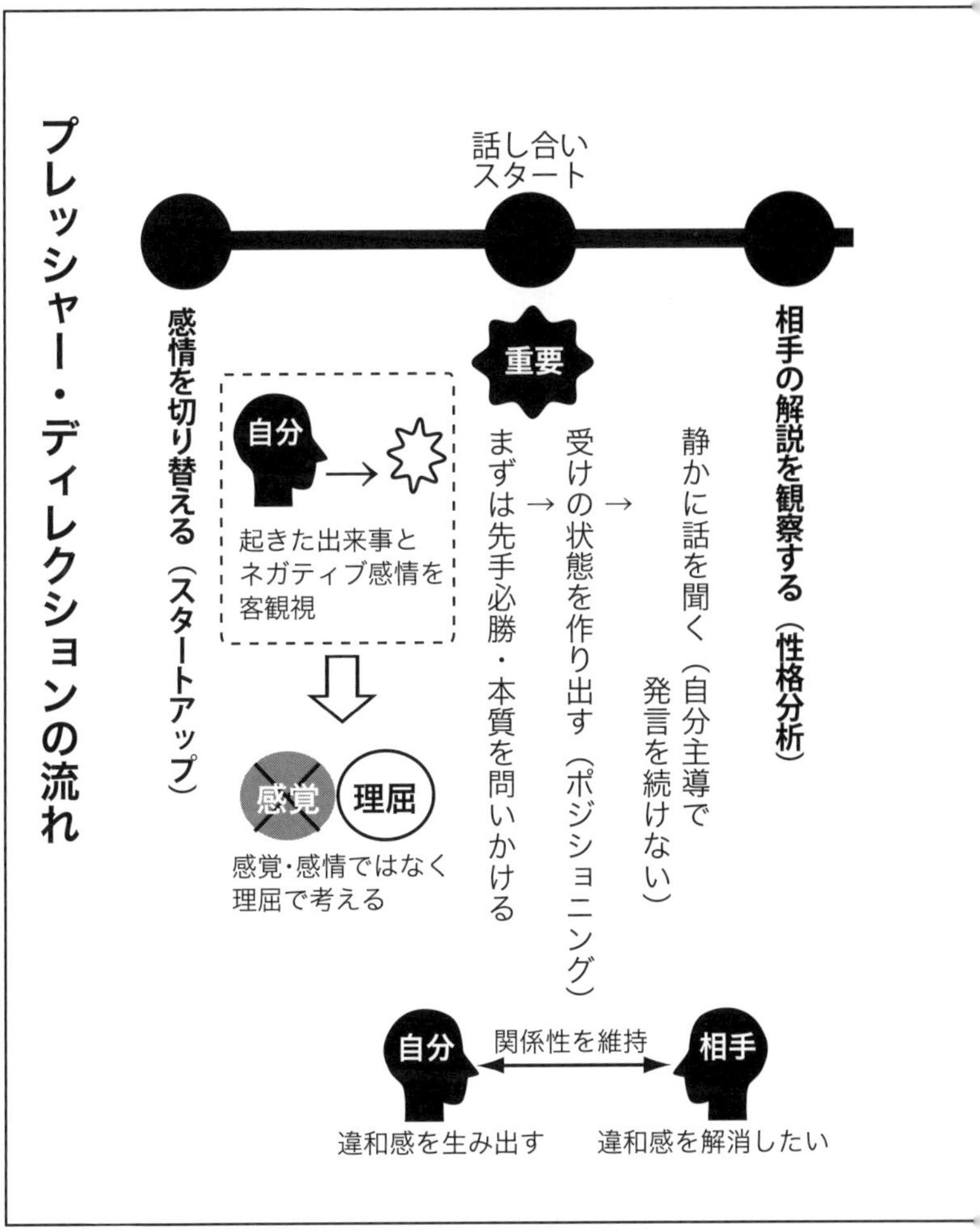
プレッシャー・ディレクションの流れ
話し合いスタート
感情を切り替える（スタートアップ）
自分
起きた出来事とネガティブ感情を客観視
感覚
理屈
感覚・感情ではなく理屈で考える
重要
まずは先手必勝・本質を問いかける
→
受けの状態を作り出す（ポジショニング）
→
相手の解説を観察する（性格分析）
静かに話を聞く（自分主導で発言を続けない）
自分
関係性を維持
相手
違和感を生み出す
違和感を解消したい

第5章

覚悟を決める座談会

小橋建太（Fortune KK代表）
秋山準（プロレスラー）
友野英俊（放送作家）
北井孝英（著者）

『覚悟を決めると楽になる』刊行記念特別座談会

『覚悟を決めると楽になる』の刊行を記念して、私、北井が日頃よりお世話になっている小橋建太さん（ＦｏｒｔｕｎｅＫＫ代表）、秋山準さん（プロレスラー）、友野英俊さん（放送作家）の３名に集まっていただき、パワー溢れる座談会を開催しました。

初対面、５ｍ・10ｍ遠くから見ても圧を感じた

北井：私に一番最初に会ったときの印象はどうでしたか？

小橋：すごい圧を感じました。そっちの業界の人かなと思うような。ぱっと見だけじゃなくて、雰囲気っていうんですかね。もの静かな中にしっかり何かを持っているなという感じでした。一般の方とは違う、という印象でしたね。

秋山：僕は逆に社長はもちろん体も大きいですし、怖いって感じもあるんですけど、はじめて会ったときはどちらかというと笑顔で接してくれてたんで。あと、うちの場合は娘もお世話になってたから優しいというイメージしかなくて。

小橋：俺のときとは違ったんだ……。

秋山：でも、いつだったかどこかで社長が圧をかけてるのを目撃したことはあります。あのときはビビりました。

小橋：僕が初めて会ったときは、雑誌か何かの対談でしたっけ？　そのときは本当に笑顔がなかったんですよ。

北井：えっ、そうでしたか？　雑誌じゃなくて、プロレスの「フォーチュンドリーム」のパンフレットのときですよね？　そのときに笑顔がないはずないんですが（笑）。

小橋：その場には、北井さんの弟さんもいらしてたんですけど、北井さんはもう雰囲気が違いましたもん。凄い圧でした。笑顔、全然なかったですよ。

北井：あのときは、ジムの取材か何かだったと思います。ジムのチーフトレーナーは小さなときから一緒にトレーニングをしていた弟がやっていたんです。私はオーナーという立場でした。

小橋：前のジムのときでしたもんね。

北井：はい、そのときは、私はできるだけ表に出ないようにしてたからじゃないですかね……。いや、でも笑顔はあったはずですよ（笑）。

友野：それでも圧は溢れ出てしまうんですね。自分はお食事会のときにお会いしまして。５m、10m遠くから見て、あっ、北井さんだ、と思って。

秋山：そんなに遠くから（笑）。

友野：僕は圧とか、そういうの感じる以前の問題で。芸能界のお笑いの世界で、芸人と放送作家をやってますので、怖い人とか特徴ある人とかを目の前にすると興味が出てきちゃうんですよね。だから、ずっと最初から見入ってしまいまして。最初にご挨拶させていただいて。

自分の中のエネルギーのような何かをうまく使う

北井：皆さんそれぞれ私の印象をありがとうございました。ところで、事前に読んでいただいた本書の感想はどうでしたか？

小橋：読んでいると、北井さんを見ているまんまだな、そう思いました。

北井：自分としては思うところがうまく伝わっているかな、と気になっていました。

友野：第2章の少年時代の家庭のこととか凄かったですね。

北井：第2章ですか、正直あまり出したくない所だったので、実はかなり削りました。

友野：北井さんの色んな背景を知って、逆に身近に感じました。

北井：自分では、何だか恥ずかしいんですけどね。

小橋：いや、もっと色々書いてほしかった。

友野：もっと書いてほしかったですね。

秋山：若い頃のこととか（北井さんの）お父さんのこととか全然知らなかったので、こういうことあったんだなって。まあでも喧嘩のこととかは、社長を見ているとだいたい想像ができるんですけど（笑）。

小橋：この書籍の本文に、自分の中のエネルギーみたいな何かが悪い方にいくとよくないけど、それを良い方に向けて、それをさらにパワーに変えて前に進む、ということが書いてあって。本当にその通りだよなと。それに喜怒哀楽で怒りが一番のパワーになる、と書いてあって。自分にも「GRAND SWORD」っていうテーマ曲があるんですよ。それを作ってもらうときに、喜怒哀楽を入れて欲しいって言ったんですよ。喜怒哀楽の中で怒りが一番強いって思ってたんで。この本の中で北井さんが全く同じことを言っていて。そうだよなぁと。

おっかない存在だった義父からの学び

秋山：本の中でも印象的だったのですが、やっぱり人生で影響を強く受けてきたのはその義父さんですか？

北井：はい。ある意味強く影響を受けたのは義父ですね。ほんとに死ぬんじゃないかっていう毎日だったんで。夜なんて、義父が部屋に入ってきたら音がする仕掛けとか作って（笑）。

小橋：そんなに警戒してたんですか？

北井：いや、凄まじかったですよ。義父は体も大きかったし。私も中学高校と自分なりにハードに自主トレーニングをしてました。でも、義父には全然敵いませんでした。あと私は別に不良ではなかったんですけど、かなり素行の悪い高校に入学して、でも義父がおっかない存在過ぎて、同年代の人間にはもう全く怖さを感じませんでしたね。

秋山：義父さん、本当に恐ろしい存在だったんですね。

北井：ヤンチャ過ぎて、よその町から北井（義父のこと）ってのはどいつだ！と喧嘩自慢が喧嘩売って来ることもあったくらいと聞いています。自分は義父に負けないくらいになる、という気持ちでトレーニングを続け実際、私も強くなれたんですが。だから今となってはそんな環境に放り込んでくれた義父に、感謝なのかも知れないですね。おかげでこの時期にだいぶ強くなりました。

秋山：キックボクシングにはいつ出会ったんですか？

北井：キックボクシングは、プロレスを好きになった後です。中学3年ぐらいからじゃないですかね。でも今思っても結構タフに練習してました。

高校生のときにいっぺんに30人倒した

小橋：高校生のときに30人倒した話を聞きたいです。

北井：あれは2年生のときですね。でも私、ほとんど何も手を出してないんですよ。いきなり押さえつけられたんです。いっぱい10人ぐらい乗っかってきて。

小橋：10人の不良に乗っかられる⁉

北井：はい。当時は何か、もみあげ切るのが流行っていて。私はもみあげがあったんで、それをカミソリで切ろうとしたんですね。大人数で体を押さえつけられて。びっくりはしました。何とか全員をはらいのけて。無意識に構えて、何人かにちょっとは手か足かを出した、そんな感じなんですが、そしたらその後、バーっといなくなっちゃって。

秋山：それは一番強い奴を倒したからなんですかね？

北井：はい、その中では、ですね。一番悪いというか強い2人っていうのがいたんですけど、その現場にはいなかったんですよ。あとから来て、どうしたのって、こんなんだったよ、と。そしたら、わかったって言って。

秋山：その場で2人とも北井は強い、みたいに認識したんでしょうね。

北井：かもしれません。それから誰も絡んでこなくなりましたね。私が電車乗ると誰もいなくなっちゃうんですよ。うちの高校の生徒が電車に乗っても、学校名が鞄に書いてあるんですけど、他校の生徒、本当に誰もいなくなるんですよ。でも座れたからいいんですけど。

秋山：座れたからいいんですけどって（笑）。

北井：そんな学校でした。まあ先生も先生でしたね。ケンカして負けると、坊主だ、とかね（笑）。

圧の存在を知ったときの衝撃

秋山：そんな凄まじいレベルのケンカをしてたんですね。それで、圧をかけるかけないっていうのはそのときには意識されてたんですか？

北井：あの当時は意識はしてないですね。あったかも知れないですが、まだわからなかったです。

秋山：自分で圧をかけるのを意識するようになったのはいつごろですか？

北井：本文に書いたんですけど、実の父親が警察の安心安全まちづくりの初代代表になったんですよ。そこで挨拶することになって。そのとき自分は割と父親と心の距離が近くなってきていて、半日休んでたまには聞いてみようかなと。

小橋：警察署長の前で話をするとかそれだけで驚かされますけど。どんな感じだったんですか？

北井：それが全然いつも喋っている父親じゃないんです。警察の関係者、議員さん、関係者、強面集団が硬直しちゃってるんですよ。自分が行ったら、北井会長さんの息子さんですよね、こちらへ！　みたいな扱いで（笑）。

小橋：すごいですね！

北井：一番うしろで聞いてたんですけど、何がそんなみんなを固まらせてるんだろうと思ってもわからなくて。でも、気が付いたんです、父親の雰囲気が異様なことに。

友野：雰囲気が異様、ですか？

北井：そうなんです。何だこの人っていう、他人みたいでしたね。絶対いつもの父親と思えないような。そのときから何なんだこれは、とずっと思ってたんですよ。父親は柔らかいような圧をかけてくるんですよね。ガッていうんじゃない、強い圧じゃないことが多い。

小橋：みんなを納得させるような、そういう柔らかい圧を感じたんですね。

北井：圧が凄過ぎて、私も話の内容が全然頭に入ってこなかったです。何だこの圧倒的な感じはって思うんですけど、話が長いんですよ、あの人は（笑）。話が長くて、もうめんどくせえなと思っていても、雰囲気が凄いのでピリピリしちゃってて動けない。でも壇上の父親、別に怒ってる訳でもないしな、何なんだこれって。

小橋：それが圧との出会いだった訳ですね。

北井：それで意識し始めましたね。でも帰って父親にあれは何なんだって聞いてみても、別に何も言わないし。帰るともういつも通りに戻るし。

小橋：何か変わるんですか？　家に帰ると？

北井：家に変えるとただの農家のおじさんです。そこら辺にいるおじさん。近所のおばあちゃんと話ししたり。いいおじいさんですよ。

小橋：そこら辺にいるおじさんですか。

北井：ちょっとひねくれてましたが。それから父親を意識的に見るようになったんですよ。でも普段は本当に何にもしてなくて、おかしいなと思って。

圧倒的で不思議な力

友野：また圧を見る機会はあったんですか？

北井：それからはよく見ましたね。気を付けて見ていたんで。あ、でも圧とは違うのかも知れませんが、あるとき、父親が庭の竹林の中の1本の凄い太い竹を、斧で2回振り下ろして切ったんですよ。結構太い竹だったんですけど、2回で切っちゃって。その後私がどんなにやっても、5、6回は振り下ろさないと切れないのに。

小橋：竹を2回で切っちゃうのはすごいですね。

北井：とにかくそれをスパっとやっちゃう。完全に力抜いてるんですよ。この人、本当に不思議な人だなって思いながら、見るようになりました。

友野：5、6回で竹を切るのも中々できることではないと思いますが……。

北井：あれは父親がどうやっていたのか、未だにわからないです。父親の斧がよく切れるのかなと思って、同じようにやっても全然切れないんですよ。いくらやってもささくれになるだけで（笑）。

小橋：力じゃないんですね。

北井：はい、何かイメージを持っていたんでしょうね。あの人はそういうものをうまく使ってたなっていうのはわかったんです。でも答えを聞く前に死んじゃった。

小橋：北井さんにとっては、たくさんの学びをくださる人だったんですね。

北井：ある意味そうだったかも知れません。でもあの人でも苦手な相手もいたみたいですね。そういうときは自分にやれ、と。酷いですよね（笑）。でも私は普段は穏やかな父親とは違っていて、ガーっと怒ってすぐケンカにしちゃってたんで。その頃はですけどね。

短気だった自分をコントロールする

小橋：僕らは、北井さんは柔らかいイメージがあるんですけど、すぐ熱くなるタイプなんですか？

北井：そうなんです。昔は凄い短気で。でもその短気を抑えようと思ってたんですよ30歳くらいまでは。短気が過ぎると、これいつかコントロールが効かなくなってしまうんじゃないかって。

秋山：格闘家はすぐ熱くなるタイプ、多いですけど（笑）。

北井：あー（笑）。義父の方がちょっとそっちの人みたいに見えるような人間だったんです。小指なかったし。でも私は意味もなく脅すような人間が大っ嫌いだったんですよ。でも私も当時は街で誰かと何かがあったら、こいつなタダではおかないぞっていう、そんなピリピリした感じだったんで。本当、自分で自分の感情をコントロールできなかったら危ないなと思って。

秋山：自分で自分の危うさに気付いていたんですね。

北井：もちろん相手が何もしてこないんだったら、私も何もしません。でも20代のときは街のどこに行っても何で？　っていうぐらい、いろんなとこでトラブルに出くわすんですよ。

秋山：引き寄せるんですね。

北井：ですかね（笑）。当時、私はちっちゃい車に乗ってたからか、信号待ちとかで後ろの車から誰か出てきて文句言われて。そしたらこっちも車から出るじゃないですか。私が例の如く、何？　このやろーって勢いよく出て行っちゃう、すると、相手はすいませんでしたってそのまま帰って。そんなんばっかなんですよ。

小橋：奥さんと一緒にいても？

北井：はい、だから嫁もヤダっていうんですよ。一緒に外に出たくないって（笑）。だから買物もあまり一緒に行ったことがないんですよ。あなたすぐケンカになるからって。

怒りの力を圧に変える

北井：ところで秋山さんはプロレスの試合のとき、怒ってますか？

秋山：はい。僕は怒ってます。

北井：ですよね。というか、秋山さんは日常でも怒りを意識していませんか？

秋山：そうですね、2割ぐらいは冷静な自分がいますけど。

北井：残してますね。

秋山：100%怒ってたら……。

北井：それは……まずい（笑）。

秋山：でも、本当僕、ほぼずっと怒ってます。僕はもともとプロレス小僧じゃなくて、スカウトという形で入れてもらったんで、プロレスのデータというのが全然なくて、リング上が全てで。それで例えば、誰かに何かカッてやられたら、普通はこんなこともあるのかとか抑えるものかもしれないですけど、僕はそれができなくて。やられたらこのやろうと、すぐに思ってしまいます。昔も今もずっとそうです。

北井：それが秋山さんの強烈な個性となってますね。

秋山：圧っていうのか、怒りがパワーになるっていうのは本当にわかります。まさしく僕その通りなんで。僕は確実に怒りをパワーに変えてここまで来ました。今の子たちがそれを見てどう思うのかはわからないんですけど。

北井：怒りをパワーに変えるのは本当に大事。

秋山：僕はいつも怒りを、クッソーっと思って、このやろうと思って、ここまで来たんで。だからこの本を読んで、そうだよなっていうのが本当に多かったんです。今の子達にも、どこかで何かがあったときに、クソっという思いで、それを怒りやパワーに変えて、頑張って欲しいって僕も思ってて。

小橋：僕も、怒りっていうエネルギーとか、それをクソっと思う気持ちとかが、悪い方にいかないで正しい方に向かえば、凄い自分のパワーになると思います。本当、とてつもなくデカい良いパワーになると思うんですよ。

北井：そうなると生きていくのが本当に楽になる。

小橋：俺も最近の教育とかでも思うんですけど、あるじゃないですか、こうしちゃいけない、ああしちゃいけないと。でもそうじゃなくて、負けることも失敗することも、何でもさせてみることが大事なんですよ。

北井：負けることも、失敗することも、成長の上では本当に大事ですからね。

小橋：例えば競い合うことで負けて、次こそは勝ってやるとか、失敗したら次こそはやってやるとか、学ぶことって色々あると思うんですよね。自分もそういう思いをしてやってきたんで。

秋山：僕は本当、そのクソっていう怒りでここまできましたからね。

北井：友野さんはどう思われますか？　友野さんは怒りの感情を何かに使うことはありますか？

友野：僕はどっちかっていうと、過去、パワーではやられてた側の人間なんですよ。だからコレ何とかなんねえかなっていう、そういう怒りはありましたけども。悔しさを怒りではなく妄想とかに変換してやってきました。

北井：怒りとは違う何かに変えてやってきたんですね。

友野：でも今は、人生は振りかえることで学べると知ったんで。だからもっと若いときにこの本を読みたかった。「覚悟を決めると楽になる」これを知っていたら、もう少し楽になってただろうなって思いました。悔しさを妄想ではなく、怒りの持つエネルギーに変えて戦えてきたのかなと。

北井：どんな戦いも、結局は自分との戦いですしね。

プロレスラーは自分で自分を追い込んで戦う

北井：ところで、教えて欲しいんですけど、プロレスラーってどういう感覚で日々生きているんですか？　わかんないんですね、想像なんですよね。

会場で見てての予想なんで、これでこうやってんだろうなって。いかがですか？

秋山：僕の場合なんですけど、プロレスのマスコミとかのコメントで、こっちから見たら全然見当違いのことを言われて、そんなこと思ってないって普通に腹たててました。普通は、外部からは本当のことはわからないからって、みんな流すらしいところを。

小橋：マスコミは煽《あお》りますからね。

秋山：おかしなこと言われたら、僕は相手にこの野郎このクソガキって、そのときに思った感情、言葉をそのまま返しちゃうんですよ。実際、若い頃は言い過ぎたとかも何度もあって。でも言っちゃったんでどうもしようもない。その繰り返しで。

北井：その辺よくわかります！

秋山：北井さんにもそうですけど、僕、小橋さんに偉そうなこと言っちゃってしまったな、とか。でもその熱い感情のときに言っちゃうんですよ。それで、その興奮したときのコメントが紙面に掲載されちゃう。それ見てから、こんなこと言っちゃったよ。だけど言ったからにはやらないといけないいって。

北井：でもその勢いは必要ですよね。

秋山：熱い感情そのままを自分で言ってしまって、さあどうするかっていうその繰り返しですね。だから僕は怒って、そこに責任を負うというか。それで自分を追い込むっていう感じですね。

北井：若いときからそうですよね。今でもそうですし。

秋山：言った以上はやらないといけないから。

北井：今はそういう子が少ない。自分で追い込んでまでなかなかやらない。

秋山：自分で言っちゃうと、責任とらなきゃいけないから。でも今はいろいろうるさいので正直やりにくいです。でも言っちゃいますね。言って自分で責任取るみたいな感じで。僕はそれしかできない。自分で自分を追い込んで戦うしかできない。

小橋：みんなそうですよ。自分を追い込んで戦うしかないんですよ。

北井：でもそれくらいでないと。あっ、友野さん、これ過激過ぎませんか？大丈夫ですか？

友野：全然過激じゃないです。むしろ勉強になります。僕、いまテレビ見ている感じで聞いてます。学校で講演やってほしいぐらいです。

北井：そうですか（笑）。ぜひ！

今までのビジネスも併行しながら新しい事業もはじめる

小橋：そう言えば北井さん、新しい事業をまたやるとか？

北井：新しい事業は考えています。これからの話しなんですけど。うまくいくか、いかないかはわからないですけど、自分がそれで助かったので。すごい体調悪くなったときのことなんですけど。120キロあった体重が20キロ落ちて、数値がめちゃくちゃになったんですよ。強烈なストレスが原因だったようなんですが。

友野：凄い大変じゃないですか。知らなかった。

北井：玄米を食べるんですけど、でも玄米だとなんか力が出ないし、困ったなって。体調悪くしてどんどん痩せていって、スーツもゆるくなっていって、かっこ悪いなと思いながら。ビタミンCだとかいろいろなサプリメントなんかも飲んでたんですけど。その中でも高濃度ビタミンCとオゾン療法はすごい効果あって。あ、でもオゾン療法っていうのは別に危ないものじゃないですよ。本当に自分が救われたので、今後はそれを取り扱ってみたいなと思って。

小橋：自分でビジネスをやるのも面白そうですね。北井さん、いろんなビジネスやってますもんね。

北井：趣味なんですよ。ビジネス。不動産やるのも凄く面白い。

小橋：好きが一番ですよね。

北井：でも不動産やっている人間ってのは、荒くれ者が多いんで（笑）。

小橋：やっぱりそういう世界は、その手の人が多いんですか？

北井：多いですね。注意しなければならないのは、ガツンとこないで、やたら柔らかくて、その柔らかさが嫌っていうか気持ち悪い人間ですね。私、直感は当たる方なんで。何か裏がありそうだとか。そういう人に対しては、こっちのペースに引き込みます。

小橋：不動産ビジネス、楽しそうですね。やりがいありそうですね。

北井：楽しいです。いい物件が見つかれば。あんまり売ったりはしないです。

小橋：動くお金が大きそうですね。

北井：資金がなかった最初はボロボロのを直して賃貸をして。それも楽しくて。いろんな人と出会えますし。大変に思える交渉も、一旦やる気にさえなれば楽しいです。

小橋：交渉。それも圧なのかも知れないですね。柔らかい人を包み込む圧の方。

強い圧も柔らかい圧も出せるようになる

友野：僕がいま感じる北井さんの圧は優しい圧です。もちろん強さゆえの優しい圧なんですけど。正直いうと、ちょっと強い圧も受けてみたい気もするんですが。でも北井さんは、常に現状に危機感をもっているし、困ってる人を見過ごせないし、ボランティアも沢山してるし。みんな、北井さんのそういう人間性に魅かれるんじゃないですかね。

北井：そんなことを言われると照れますね。ありがとうございます。今後も出来るだけ柔らかい圧を出すよう気を付けます。

友野：「覚悟を決めると楽になる」。僕はまだそれを完全には理解しきれていないけど、いつかそんな自分になりたいです。でもこの本、正直言えばもっと北井さんのリアルな武勇伝を知りたかった。強い奴をバンバン倒してゆく北井さんを見たい！　それはまた、別の機会にですね！

北井：それは本当にまたいつか（笑）。ではみなさん今日はわざわざ集まってくださって、本当にありがとうございました。

友野：こちらこそ、久々に北井さんに会えて楽しかったです。

小橋：ありがとうございました！

秋山：ありがとうございました！

――了

特別対談

森咲智美（グラビアアイドル）

×

北井孝英（著者）

グラビアタレントとして活躍されている森咲智美さんに友情出演していただきました。
今は亡き友に想いを馳せて……。

今の私の生き方を見直すきっかけになった本

北井：最初の自分の印象から教えていただけますか？

森咲：最初会ったときは食事会のときだったんですけど、キラキラしてて自信に満ち溢れていて、何というか貫禄を感じました。

北井：ありがとうございます。本書を読んでどんな印象でしたか？

森咲：決意を決めるということが大事ということは芸能界においてもそうです。私の場合は目標を持つことで、より行動できるようになるという点が一番共感できる部分でした。他にも色々発見があって、今の私の生き方を見直すきっかけになった本になりました。

北井：そこまで思ってもらえると嬉しいですね。

森咲：それに、私は自分に自信がないタイプなので。人と比べるのではなく、比べるなら過去の自分なんだってところが本当に心に刺さって。人と比べず、自分は自分でやっていけたらなって思いました。

魂で繋がれる人と出会えるように、毎日を生きよう

森咲：あとは、魂で繋がれる人に出会えるように、橘田さんみたいな方と、ブラザーとか兄弟で言えるような人と出会えるように、毎日を生きようっていう話があったと思うんですけど。そこも私、人と本音で話す機会を避けて生きてきたので、見直さなきゃいけない部分だなと思って。

北井：魂で繋がれる仲間は、いると本当に心強いですよ。

森咲：そういうふうになれるように、私ももっと自分の意志と自分の意見をしっかり持って生きていきたいです。今回ご一緒出来たらと思ったん

ですけど、橘田さんのことも書いてあって、そこで北井さんの弱みというか、そういうすごい人間らしさも感じました。橘田さんの気持ちを受け継ぐ北井さんの言葉に重みを感じたというか、生きることの重みを感じたというか。強くなくてもいいからそこからどう行動するかが大事なんだって。読んでいて、凄くいろいろなことを感じました。この本を本当にたくさんの方に読んで欲しいです。

北井：今日はお忙しいところありがとうございました。

森咲：こちらこそ、ありがとうございました。

——了

おわりに

ここまで本書を読んでいただき、ありがとうございました。

この本は、私自身が実際に経験した中で体系付けたものを記したものです。


今、この時代は、科学が急速に発展しています。

近い将来、人間がいわゆるコンピューターの中に生きるということも不思議なことではなくなるかもしれません。

もしかすると、すでにこの世界は、ヴァーチャルな世界なのかもしれない。何らかのシミュレーションではないか、などと考えることがあります。そうであれば、私たちはなぜこの世界にいるのか？


あるいは私たちが、自ら選んでこの世界に来たのだと仮定してみましょう。

例えば「体験したい何か」を求めてこの世界にやって来たのではないか。

生を得て死に向かっていくこの短い時間に、一瞬を大切に生きていくという経験をするということを望んでこの世界にやって来たのではないか。

そんなふうに思考しては、さまざまなイメージをふくらませて楽しんでいます。

また本書に登場する二人の父親は、どちらも個性が非常に強く、子供の私にはなんとも恐ろしい存在でした。

特に母親の再婚した相手は怖かった。でも、時おり、私の弟が嫌がる納豆めしの豆を一つずつとりのぞいてあげている姿を思い出すと、こうも思ったものです。


「人間は皆、何かを背負っている」

当然の優しさを抱えながら、「生きるという」戦いの日々を皆、過ごしているのではないかと。

そういう考え方ですから、私は人にうまく使われるということが多々あります。「今度は大丈夫」と思って失敗する。しかし人を騙すより、騙されたほうが人間として良いじゃないかと思うのも事実なのです。

また本書を書いている今、進行形で世界では様々な問題が起きています。身近なところでは、義父が新型コロナウイルスによって亡くなりました。医療の最前線で命を張って頑張っておられる方々に心からのお礼を伝え、人間が一人亡くなったことで病院側の問題点も次々に浮かび上がってきました。

その問題点を医療の最前線の方々と共有することができ、少しでも今後の被害を最小限にとお願いしました。

また、私たちが協力することで、その最前線で頑張っていただいている方々が感染するということがないようにと思っている、と申し上げさせていただきました。

更に、このようなコミュニケーション不全な時代です。

ＳＮＳでの匿名での中傷など、いったいこの世界はどうなってしまったのか、とさえ思ってしまいます。

コミュニケーションはとても大切です。

覚悟と責任を持って、真剣に丁寧に人と関わること。

そんな日々を過ごすことが、益々重要なことになってくるのではないでしょうか。想像力を持ち、相手を思いやり、それでいて自分を表現してゆく。

ＳＮＳに限らず、そんなコミュニケーションができたら理想です。


最後になりますが、今だから告白しますが、いつだったか義父が、母親の運転する車の横で泡を吹いて倒れた、という連絡をもらったことがありました。

さすがにそのときは義父はもうダメなんじゃないのかという思いが浮かんできて、病院に車を運転して向かうのですが、フロントガラスが曇ってよく見えない。おかしいな、と思った次の瞬間、自分の目に涙がたまっていることに気が付きました。

涙をためている自分にも驚いたけどそのときに思ったのは、人間生きていればいろいろなことがあるけど、死というのは、その人間が生きたという事実、善か悪かではなく、人間としての存在自体が消えてしまうんだな。当たり前だけれど、そう感じたのです。

人間はどんな人も自分という人生の舞台の中で、限られた命を、精一杯生きているんだと。

善悪っていうのは、それはそれで必要だと思います。でも覚悟を持って好きか嫌いかで正直に生きていくのもおもしろいと思うのです。

最後になりますが、本書を書くあたり、私の圧（プレッシャー）やわがままに最後までお付き合い頂いた編集の松原大輔さん、編集協力の新田哲嗣さん、何度もダメ出しを出してきた妻、秋山準さん、小橋建太さん、友野英俊さん、森咲智美さん、カワセケイコさん、日本キッズヨガ協会のミナクシみよこさんに感謝とお礼を、この場をお借りして申し上げます。

それから、私の代わりに「K・O・GYM」の代表トレーナーとして頑張って頂いている伊東祐俊さん。また、私の身体のメンテナンスをしていただいている小島悦子先生、看護師の小関恵美さん、受付のトシさん、スタッフの皆様には、何事も受け入れる心や心配しないことの大切さを再確認させていただきました。

本当に、ありがとうございました。

令和2年6月吉日

カバーデザイン　オセロ
イラスト　墨絵師カツ
編集　パインマツ（パインプレーリー合同会社）
構成　新田哲嗣、カワセケイコ
校正　西谷有人

著者プロフィール

北井孝英（Takahide Kitai）

中央大学法学部政治学科通信教育課程中退。

ウエイトトレーニングを15歳より開始。後に独自のトレーニング法を考案。某レーシングスクールオーディションにて250名中1位で通過。その後、自動車レース参戦。

モデル・タレント業を経て現在、（株）北井地所代表取締役。（株）KITAI OFFICE代表取締役。

プライベートトレーニングGYM K.O.GYM“pro”代表。愛称に社長、アニキ、BOSSなど。（一社）日本キッズヨガ協会監事。オール神奈川アームレスリング連盟会長。 全日本プロレスオフィシャルスポンサー。 2019ミスジャパン 上席理事審査員等。

覚悟《かくご》を決《き》めると楽《らく》になる

2020年8月1日　初版第1刷発行
2020年10月2日　第2刷
著　者　北井孝英
発行者　鎌田順雄
発行所　知道出版
〒101-0051 東京都千代田区神田神保町1-7-3 三光堂ビル
TEL 03-5282-3185 FAX 03-5282-3186
http://www.chido.co.jp
印　刷　モリモト印刷

ISBN978-4-88664-330-8